ちょっと手強い難読

大人の漢字力テスト

ちょっと難しい漢字、あなたはいくつ読めますか？

この本では、大人でも読めない難読漢字を約２０００語、テスト形式で出題します。教養として知っておきたい漢字から日常にひそむ難読漢字まで、読めそうで読めないムズムズ感を、ぜひ楽しんでください。

束子

鍋や食器などの洗浄に使います。

←P15へ

飛露喜

福島県にある蔵元名の当て字のお酒です。

←P29へ

芙蓉蟹

卵とアレを使った中華料理です。

←P31へ

石楠花

「高嶺の花」の由来になった花です。

←P195へ

栄螺

刺身、あるいは壺焼きで食べます。

←P47へ

菟玖波集

南北朝時代に撰集された連歌集です。

←P243へ

時鳥

田植えの時期を教えてくれる鳥です。

←P53へ

驟雨

吉行淳之介による短編小説です。

←P247へ

撫養

徳島県鳴門市にある駅名です。

←P67へ

目次

1 暮らしにひそむ難読漢字

2 難読地名の読み歩き

3 読めたらスゴイ！人名漢字

4 教養として読みたい漢字

5 漢字で読み解く日本の伝統

※本書では、漢字とその読み方の一例を紹介していますが、同じ漢字でも異なる読み方や、同じ読み方でも異なる漢字もあります。

1 暮らしにひそむ難読漢字

身の回りの道具を表わす漢字に挑戦！

難易度 ★★

問 生活するうえで欠かせない、身近にある道具の漢字です。

① 団扇	② 洋傘	③ 煙管	④ 湯湯婆
⑤ 行火	⑥ 盥	⑦ 剃刀	⑧ 蝋燭
⑨ 刷毛	⑩ 箒	⑪ 抽斗	⑫ 漏斗
⑬ 御虎子	⑭ 蚊帳	⑮ 雑巾	⑯ 手拭い

① うちわ	② ・ようがさ・こうもり	③ きせる	④ ゆたんぽ
⑤ あんか	⑥ たらい	⑦ かみそり	⑧ ろうそく
⑨ はけ	⑩ ほうき	⑪ ひきだし	⑫ ・ろうと・じょうご
⑬ おまる	⑭ かや	⑮ ぞうきん	⑯ てぬぐい

「**湯湯婆**」は室町時代ごろに中国から伝わりました。中国では温める容器を「たんぽ」（湯婆）と呼びましたが、日本では「湯」の字を足してわかりやすくしたため、「湯」が重なりました。

「**行火**」は、持ち運べる行火炉（あんかろ）という暖房用具がもとになっています。室町時代の禅僧によって広められたといいます。

「**抽斗**」は、抜き取るという意味の「抽」と四角い升（ます）という意味の「斗」が組み合わさった中国由来の言葉です。

「**御虎子**」は虎の子どもに似ているという中国の携帯用便器「虎子（こし）」が日本に伝わり、用を足すという意味の「まる」を当てられました。

日本家屋と調度品の漢字に挑戦！

難易度
★★

問 日本の家屋や調度品。懐かしく感じるものもあるかもしれません。

① 土間	⑤ 囲炉裏	⑨ 天袋	⑬ 襖
② 三和土	⑥ 厨	⑩ 付書院	⑭ 障子
③ 框	⑦ 屏風	⑪ 敷居	⑮ 卓袱台
④ 納戸	⑧ 床の間	⑫ 欄間	⑯ 箪笥

① どま	⑤ いろり	⑨ てんぶくろ	⑬ ふすま
② たたき	⑥ くりや	⑩ つけしょいん	⑭ しょうじ
③ かまち	⑦ びょうぶ	⑪ しきい	⑮ ちゃぶだい
④ なんど	⑧ とこのま	⑫ らんま	⑯ たんす

「**土間**」は、屋内であるものの、床板を張らずに土足で歩く、地面と同じ高さの場所のことです。

「**三和土**」は、赤土や粘土などに消石灰、にがりを入れてねり固めて仕上げた「たたきつち」の略で、三つの素材を使っているのでこの字が当てられています。

「**框**」は、室内の段差部分にとりつけられた横木のことで、玄関などの上り口は上がり框といいます。

「**厨**」とは、食べ物を調理する台所のことです。厨房は中国語をもとにしています。

「**床の間**」は室町時代に武家屋敷に取り入れられ、美術品などを置きました。

「**付書院**」は、床の間の脇などに机のように張り出した棚のことです。

食にまつわる道具の漢字に挑戦！

難易度★★

問 答えがわかれば、道具が目に浮かぶのではないでしょうか？　今では使われなくなった道具もいくつかあります。

①折敷
②魚籠
③卓子
④蠅帳
⑤甑
⑥御手塩
⑦焜炉
⑧篩
⑨銚子
⑩肉叉
⑪鋏
⑫徳利
⑬狭匙
⑭銚釐
⑮燐寸
⑯銘々皿

① おしき	⑤ こしき	⑨ ・さしなべ ・ちょうし	⑬ せっかい
② びく	⑥ おてしょ	⑩ にくさ （フォーク）	⑭ ちろり
③ たくし （テーブル）	⑦ こんろ	⑪ はさみ	⑮ マッチ
④ はいちょう	⑧ ささら	⑫ とっくり	⑯ めいめいさら

「**蠅帳**」は、食事などに蝿がとまるのを防ぐ道具で、網でできた覆いのことです。網を張った戸棚のことも蝿帳と呼びます。

塩を盛るための小さく浅い皿を手塩皿と呼び、その女性語（女性特有の言いまわし）が「**御手塩**」です。

「**簓**」は竹を細かく割って束ねたもので、食器を洗うときに使います。

「**狭匙**」は擂鉢(すりばち)の溝に溜まったものを掻(か)き出す道具のことです。

「**銚釐**」はお酒をあたためるのに使う銅製の容器で、蓋(ふた)や口のついたものだけでなく、カップ状のものもあります。

「**銘々皿**」の銘々とは「おのおの、それぞれの」という意味があり、取り皿のことです。

台所用具の漢字に挑戦！

難易度
★★

問 調理や食事で使う道具、飲食物を保管するときに使う道具にまつわる漢字です。

① 俎板	② 急須	③ 茶漉し	④ 薬缶
⑤ 笊	⑥ 篦	⑦ 篩	⑧ 束子
⑨ 匙	⑩ 杓文字	⑪ 擂粉木	⑫ 凧がね
⑬ 竈	⑭ 米櫃	⑮ 甕	⑯ 猪口

① まないた	⑤ ざる	⑨ さじ	⑬ かまど
② きゅうす	⑥ へら	⑩ しゃもじ	⑭ こめびつ
③ ちゃこし	⑦ ふるい	⑪ すりこぎ	⑮ かめ
④ やかん	⑧ たわし	⑫ おろしがね	⑯ ちょこ

　たけかんむりがついている「**笊**」「**箆**」は基本的に竹を素材とした道具です。

「**篩**」は網目によって穀物や粉の大小をより分ける道具で、食物以外でも使われることがあります。

「**甕**」は、水や酒を入れる土製の器のことを指します。

「**杓文字**」は、ご飯や汁物をすくう「杓(しゃく)子(し)」の後半の文字を省略して、女性特有の言葉であるもじ（文字）をつけて呼んだことが由来です。

「**俎板**」の「俎」は供物(くもつ)をのせる台のことで、この漢字だけでも「まないた」と読むことができます。

衣料品にまつわる漢字に挑戦！①

難易度★★

問 シャツ、かっぱ、はっぴは、漢字でどのように書くかわかりますか？

① 釦	② 衣装	③ 天鵞絨	④ 褻着
⑤ 背広	⑥ 帆布	⑦ 襤褸	⑧ 開襟
⑨ 襯衣	⑩ 外套	⑪ 合羽	⑫ 燕尾服
⑬ 衿	⑭ 法被	⑮ 股引	⑯ 襟

① ボタン	⑤ せびろ	⑨ シャツ	⑬ えり
② いしょう	⑥ はんぷ	⑩ がいとう	⑭ はっぴ
③ ビロード	⑦ ぼろ	⑪ かっぱ	⑮ ももひき
④ けぎ	⑧ かいきん	⑫ えんびふく	⑯ えり

幕末の医師、兵学者である、大村益次郎が考案したといわれている「**釦**」は「鈕」と書くこともあります。

こまかい毛が立っている生地の「**天鵞絨**」は、日本には十六～十七世紀に伝来したとされています。

幕末から明治初期にかけて用いられはじめたとされる「**背広**」は、背筋に縫い目がないことから呼ばれたという説と、市民服を表わす英語のシビルクローズが変化したという説があります。

また、破れた衣服や使い古しの布を表わす「**襤褸**」は、ボロボロという擬態語からきています。

「**襟**」は常用漢字で「襟を正す」などの慣用表現でも使われます。

衣料品にまつわる漢字に挑戦！②

難易度 ★

問 身につける衣料品などを表わす漢字です。ふだんから使っている言葉も多いでしょう。

① 履物	② 草鞋	③ 雪駄	④ 下駄
⑤ 木履	⑥ 木靴	⑦ 草履	⑧ 上履き
⑨ 橇	⑩ 足袋	⑪ 靴下	⑫ 手甲
⑬ 脚絆	⑭ 雪袴	⑮ 御襁褓	⑯ 御湿

① はきもの	⑤ ぽっくり	⑨ ・かんじき ・そり	⑬ きゃはん
② わらじ	⑥ きぐつ	⑩ たび	⑭ ・ゆきばかま ・もんぺ
③ せった	⑦ ぞうり	⑪ くつした	⑮ おむつ
④ げた	⑧ うわばき	⑫ てっこう	⑯ おしめ

日本の「**下駄**」、少女用の「**木履**」も木製のはきものです。

オランダやベルギーで古くから使われている「**木靴**」も文字どおり木製の靴です。

「**御襁褓**」と「**御湿**」は同じものです。赤ちゃんに着せる肌着などの襁褓（むつき）に接頭語の「お」がつき、さらに「き」が省略されたのです。「おむつ」という音が当てられたのは、一反の晒（さらし）から六枚分の御湿が作られたからという説もあります。

「**手甲**」は腕から手首や手の甲までを覆う布、「**脚絆**」はすねに巻く皮や布のことです。時代劇に出てくる旅人のスタイルをイメージするとわかりやすいでしょう。

和菓子の漢字に挑戦！

難易度
★★★

問 日本の伝統文化である和菓子。知っているつもりでも読めない漢字があるのでは？

① 干菓子	② 御手洗	③ 枯露柿	④ 漉餡
⑤ 善哉	⑥ 落雁	⑦ 求肥	⑧ 搗栗
⑨ 醴	⑩ 黍団子	⑪ 花林糖	⑫ 屠蘇
⑬ 羊羹	⑭ 外郎	⑮ 毬饅頭	⑯ 雷粔籹

① ひがし	② みたらし	③ ころがき	④ こしあん
⑤ ぜんざい	⑥ らくがん	⑦ ぎゅうひ	⑧ かちぐり
⑨ あまざけ	⑩ きびだんご	⑪ かりんとう	⑫ とそ
⑬ ようかん	⑭ ういろう	⑮ いがまんじゅう	⑯ かみなりおこし

「**落雁**」は大豆や米の粉と砂糖、水飴（あめ）を型に入れて固めたお菓子です。中国から伝わったお菓子の、軟落甘（なんらくかん）が転化したという説、形が空から舞い降りる鳥の雁に似ていることに由来する説などがあります。

「**求肥**」は中国から伝わった菓子で、白玉粉と白砂糖、水飴をねったものです。もともとは牛皮（ぎゅうひ）でしたが、「求肥」と字が変わりました。

「**醴**」は米麹（こうじ）と米とを原料とした、アルコールのほとんど含まれない飲料です。

「**外郎**」は、元は中国から伝わった痰（たん）を切る薬のことです。後に名古屋や伊勢で、この外郎薬に色の似たお菓子が売られ、そちらも「外郎」と呼ばれるようになりました。

野菜の漢字に挑戦！

難易度
★★★

問 一般的にはひらがな、カタカナで表わされる野菜の漢字、外来種の野菜なども漢字で表現されています。

① 慈姑	⑤ 浅葱	⑨ 塘蒿	⑬ 菠薐草
② 蜀椒	⑥ 鹹草	⑩ 萵苣	⑭ 蚕豆
③ 蓴菜	⑦ 牛蒡	⑪ 花椰菜	⑮ 甜瓜
④ 生薑	⑧ 甘藍	⑫ 蕃茄	⑯ 豇豆

① くわい	⑤ あさつき	⑨ セロリ	⑬ ほうれんそう
② さんしょう	⑥ あしたば	⑩ ちしゃ（レタス）	⑭ そらまめ
③ じゅんさい	⑦ ごぼう	⑪ はなやさい（カリフラワー）	⑮ かもうり
④ しょうが	⑧ かんらん（キャベツ）	⑫ ばんか（トマト）	⑯ ささげ

池などに自生する「**蓴菜**」は若芽を食べます。沼縄（ぬまわ）とも呼ばれます。

「**甘藍**」は、観賞用の葉牡丹（キャベツの一種）の別名ですが、明治時代に伝わったキャベツもまた、この名で呼ばれるようになりました。

葉を食するキク科の植物を総称して「**萵苣**」と呼んでいました。

「**蕃茄**」のトマトは、アカナスともいわれますが、海外から伝わった（蕃）茄子の意です。

「**氈瓜**」は、トウガンの別名です。表面に毛が生えているため、この字が当てられました。

「**豇豆**」は、豇だけでささげの意をもちます。若い実は莢（さや）も食べます。

フルーツの漢字に挑戦！

難易度
★★★

問 フルーツも漢字で表わすと、少し高級感が出てくるかもしれません。贈るさいにはカタカナよりも漢字で書き表わすのもあり？

① 菴羅	② 甘蕉	③ 万寿果	④ 鳳梨
⑤ 石榴	⑥ 苺	⑦ 林檎	⑧ 蜜柑
⑨ 甘橙	⑩ 無花果	⑪ 葡萄	⑫ 水蜜桃
⑬ 甜瓜	⑭ 李	⑮ 通草	⑯ 棗

① あんら（マンゴー）	② かんしょう（バナナ）	③ パパイヤ	④ ほうり（パイナップル）
⑤ ざくろ	⑥ いちご	⑦ りんご	⑧ みかん
⑨ あまだいだい（オレンジ）	⑩ いちじく	⑪ ぶどう	⑫ すいみつとう
⑬ まくわうり	⑭ すもも	⑮ あけび	⑯ なつめ

「甘蕉」はバショウ科の植物であるため、この字を当てました。小説家の泉鏡花（いずみきょうか）は芭蕉実という当て字を使っています。

フルーツなのに石が入る**「石榴」**は「榴」だけでもザクロの意味をもちます。

「苺」は旧字で莓と書きます。意味は同じで、莓々（ばいばい）と重なると植物が子株をつけて増えていくさまを表わします。

「甜瓜」の「甜」は甘いという意味を表わします。メロンのような甘さがあり、「味瓜」「真桑瓜」と書くこともあります。

「通草」は開（あ）け実（み）が由来とされ、実が裂けることを「通」という漢字で表わしました。

「棗」は刺（とげ）の字が二つ重なり、とげの多い棗の木を表わしています。

汁物の漢字に挑戦！

難易度
★★

問 読み方を聞けば、なじみのある汁物です。

① 沖魚汁	② 濃餅汁	③ 雪花菜汁	④ 御御御付
⑤ 呉汁	⑥ 水団	⑦ 潮汁	⑧ 根深汁
⑨ 言伝汁	⑩ 巻繊汁	⑪ 博打汁	⑫ 鉄砲汁
⑬ 薯蕷汁	⑭ 蕪汁	⑮ 観世汁	⑯ 三平汁

① おきなじる	② のっぺいじる	③ からじる	④ おみおつけ
⑤ ごじる	⑥ すいとん	⑦ うしおじる	⑧ ねぶかじる
⑨ ことづてじる	⑩ けんちんじる	⑪ ばくちじる	⑫ てっぽうじる
⑬ とろろじる	⑭ かぶらじる	⑮ かんぜじる	⑯ さんぺいじる

油揚や大根、人参、豆腐などを入れた「**濃餅汁**」は、くず粉でとろみをつけた汁のことです。

「**雪花菜汁**」はおからを具材とした味噌汁です。「豆滓汁」とも書きます。

「**言伝汁**」は「言いやる」と「飯やる」とをかけたいい方で、「とろろ汁」です。

「**巻繊汁**」は、大根や人参、椎茸、崩した豆腐を油で炒ってから湯葉で巻いて揚げたたものを巻繊と呼び、これらの材料を炒って具材とした汁のことです。

「**観世汁**」は豆腐で作った味噌汁にくず粉でとろみをつけた汁をこう呼びます。

考案した人の名を取って名付けられたといわれる「**三平汁**」は、塩漬けの魚と野菜を煮込んだ汁物です。

日本酒の漢字に挑戦！

難易度★★

問　それぞれの名前には蔵元の想いが詰まっており、語呂合わせのような銘柄にも味わい深さが表現されています。

①神亀
②獺祭
③天満月
④酔鯨
⑤楽々鶴
⑥田酒
⑦明ヶ烏
⑧世嬉の一
⑨浦霞
⑩飛良泉
⑪上喜元
⑫飛露喜
⑬日乃出鶴
⑭多満自慢
⑮〆張鶴
⑯上善如水

① しんかめ	② だっさい	③ あまみづき	④ すいげい
⑤ ささづる	⑥ でんしゅ	⑦ あけがらす	⑧ せきのいち
⑨ うらがすみ	⑩ ひらいずみ	⑪ じょうきげん	⑫ ひろき
⑬ ひのでつる	⑭ たまじまん	⑮ しめはりつる	⑯ じょうぜんみずのごとし

「**獺祭**」の蔵元は山口県の旭酒造で、所在地の獺越からとられています。

「**世嬉の一**」の蔵元は岩手県一関市の世嬉の一酒造で、一関を逆にして、世間の人たちを喜ばせたいという意味をかねています。

「**上喜元**」の蔵元は山形県の酒田酒造で、上機嫌の意味を当てています。

「**飛露喜**」の蔵元は福島県の廣木酒造で、蔵元名の当て字です。

「**多満自慢**」の蔵元は東京都の石川酒造で、多摩地域の蔵元なのでこの名を当てています。

「**上善如水**」の蔵元は新潟県の白瀧酒造で、中国の思想家である老子の「最高の人生というのは水のようなものだ」という言葉からこの字が当てられました。

中華料理の漢字に挑戦！

難易度
★★

問 日本でよく見かける中華料理の難読漢字です。

①杏仁豆腐	②芙蓉蟹	③餃子	④搾菜
⑤炸醤麺	⑥叉焼麺	⑦青梗菜	⑧青椒肉絲
⑨棒棒鶏	⑩皮蛋	⑪米粉	⑫回鍋肉
⑬麻婆豆腐	⑭雲呑	⑮古老肉	⑯酸辣湯

① アンニンドウフ	⑤ ジャージャーメン	⑨ バンバンジー	⑬ マーボードウフ
② フーヨーハイ（かにたま）	⑥ チャーシューメン	⑩ ピータン	⑭ ワンタン
③ ギョウザ	⑦ チンゲンサイ	⑪ ビーフン	⑮ グーラオロー（スブタ）
④ ザーサイ	⑧ チンジャオロース	⑫ ホイコーロー	⑯ サンラータン

かにたまを表わす「**芙蓉蟹**」は「芙蓉」のように調理したカニ、という意味です。

おなじみの「**餃子**」は紀元前6世紀ごろに誕生したとされ、中国では日本のように白米などと食べるおかずではなく、主食として食べられていました。中国の餃子は一般的に「水餃子」です。

「**青椒肉絲**」という漢字は青椒（調味料）と肉（材料）、さらに絲（材料の切り方）が合わさってできた漢字です。

「**回鍋肉**」は一度煮込んだ肉を回鍋に戻し、炒めるため、この漢字が当てられています。「回」には、元に戻すという意味があります。

海外から伝わった食べ物の漢字に挑戦！

難易度 ★★

問 漢字で書かれたほうがなじみ深い食べ物もあれば、カタカナ名のほうが知られているものも。

① 金平糖	② 舎利別	③ 南瓜	④ 天麩羅
⑤ 作茸	⑥ 西洋松露	⑦ 扁桃	⑧ 乾酪
⑨ 牛酪	⑩ 麺麭	⑪ 飛竜頭	⑫ 成吉思汗
⑬ 卵糖	⑭ 焼売	⑮ 蒟蒻	⑯ 橄欖

① こんぺいとう	⑤ ツクリタケ（マッシュルーム）	⑨ ぎゅうらく（バター）	⑬ カステラ
② しゃりべつ（シロップ）	⑥ せいようしょろう（トリュフ）	⑩ パン	⑭ シュウマイ
③ かぼちゃ	⑦ へんとう（アーモンド）	⑪ ひりょうず	⑮ こんにゃく
④ てんぷら	⑧ かんらく（チーズ）	⑫ ジンギスカン	⑯ かんらん（オリーブ）

「**金平糖**」は、十六世紀に伝来した、ポルトガルのコンフェイト（砂糖菓子）が語源になったといわれています。

「**南瓜**」はカンボジアから伝わったことから、この呼び名になりました。

「**天麩羅**」はポルトガル語のテンペロという調味料から転化したとする説が有力です。

「**西洋松露**」は高級な珍味として知られています。日本の松露（しょうろ）も希少価値の高い食用のキノコです。

「**飛竜頭**」はポルトガル語のフィリョーズに当て字されたものです。

「**橄欖**」はカンランという木になる実です。オリーブの和訳にこの字を使う人がいますが、誤訳とされています。

植物の漢字に挑戦！

難易度
★★★

問　花が咲く植物、咲かない植物、道端に生い茂る名も知らぬ草々などの漢字です。

① 皀莢	⑤ 哨吶草	⑨ 瓠	⑬ 藪蝨
② 黄櫨	⑥ 狗尾草	⑩ 薑	⑭ 杜鵑草
③ 無患子	⑦ 白膠木	⑪ 益母草	⑮ 輪鋒菊
④ 独活	⑧ 柞	⑫ 猪子槌	⑯ 朱欒

① さいかち	⑤ ちゃるめるそう	⑨ ふくべ	⑬ やぶじらみ
② はぜのき	⑥ えのころぐさ	⑩ はじかみ	⑭ ほととぎす
③ むくろじ	⑦ ぬるで	⑪ やくもそう	⑮ りんぽうぎく
④ うど	⑧ ははそ	⑫ いのこずち	⑯ ざぼん

「**皀莢**」の「皀」は穀物の粒、「莢」はサヤのことで、ねじれたサヤのなかに種ができるためこの字が当てられました。

「**哨吶草**」の「哨吶」とは、管楽器のチャルメラのことで、果実の形がチャルメラに似ていることからこの名がつきました。

「**狗尾草**」は字のごとく、穂が犬（狗）の尾に似ているためです。エノコロというのは子犬のことです。

生姜の別名である「**薑**」は、元は生薑でショウキョウと呼びましたが、それがショウガに転化したといわれています。

「**益母草**」は女性の産前産後の薬になったためにこの名がつきました。

模様がホトトギスの模様に似ているため、「**杜鵑草**」の漢字が使われます。

建材や部材の漢字に挑戦！

難易度★★

問 日本の建物に使われる建材です。

① 煉瓦
② 漆喰
③ 珪藻土
④ 格天井
⑤ 梁
⑥ 桁
⑦ 格子
⑧ 庇
⑨ 軒瓦
⑩ 樋
⑪ 筧
⑫ 礎石
⑬ 定礎
⑭ 鎹
⑮ 蝶番
⑯ 筋交い

① れんが	⑤ はり	⑨ のきがわら	⑬ ていそ
② しっくい	⑥ けた	⑩ とい	⑭ かすがい
③ けいそうど	⑦ こうし	⑪ かけひ	⑮ ちょうつがい
④ ごうてんじょう	⑧ ひさし	⑫ そせき	⑯ すじかい

消石灰にわらや海藻などを混ぜた「**漆喰**」は水や火に強く、木や土壁の上塗り材として用いられてきました。

植物プランクトンの死がいの一部が化石になった堆積岩が「**珪藻土**」です。匂いや水分を吸着するので、バスマットなどに使われます。

「**樋**」は、屋根の雨水などを排水する溝や管で、木や竹の筒を地上にかけ渡して水を通すのが「**筧**」です。

「**礎石**」は、柱を支える石のことで、建物の着工時に据える石のプレートに「**定礎**」と書かれます。文字の下には通常、工事完了日が刻まれます。

「**鎹**」は、両端が曲がったコの字型の釘で、材木をつなぎあわせます。

さまざまな単位を表わす漢字に挑戦！

難易度
★

問 単位を表わす漢字には、日本特有の漢字である国字が多く用いられています。

①	②	③	④
粍	糎	米	粁
⑤	⑥	⑦	⑧
竕	立	竏	瓦
⑨	⑩	⑪	⑫
瓩	吋	呎	碼
⑬	⑭	⑮	⑯
哩	節	仙	弗

① ミリメートル	⑤ デシリットル	⑨ キログラム	⑬ マイル
② センチメートル	⑥ リットル	⑩ インチ	⑭ ノット
③ メートル	⑦ キロリットル	⑪ フィート	⑮ セント
④ キロメートル	⑧ グラム	⑫ ヤード	⑯ ドル

江戸時代までの日本では、中国由来の尺貫法という単位が使われていました。

たとえば、長さの「尺」、重さの「貫」、面積は「歩」「坪」などです。

しかし明治維新により、メートル法が導入されて以降、漢字が必要になります。

もともと存在していた漢字が当てられたほか、「**粍**」「**糎**」「**粁**」「**竕**」「**竏**」「**瓩**」「**吋**」「**呎**」「**哩**」といった国字が作られていきました。

通常は、メートルを「**米**」、平方メートルを「平米」、立法メートルを「立米」などと書く以外、表記する機会はありません。

文房具にまつわる漢字に挑戦！

難易度
★

問 文房具に関する漢字は身近なものが多くあります。

① 硯
② 文鎮
③ 半紙
④ 墨汁
⑤ 便箋
⑥ 封蠟
⑦ 下敷き
⑧ 筆箱
⑨ 鋏
⑩ 定規
⑪ 円規
⑫ 分度器
⑬ 付箋
⑭ 糊
⑮ 算盤
⑯ 画鋲

① すずり	⑤ びんせん	⑨ はさみ	⑬ ふせん
② ぶんちん	⑥ ふうろう	⑩ じょうぎ	⑭ のり
③ はんし	⑦ したじき	⑪ コンパス	⑮ そろばん
④ ぼくじゅう	⑧ ふでばこ	⑫ ぶんどき	⑯ がびょう

「**硯**」から「**墨汁**」までは書道で使う道具です。

「**封蠟**」は封筒に「封」をするときに使う道具で、「蠟」をあぶって封筒にたらします。

「**円規**」は丸い形をしたものや天球儀を意味し、「えんき」とも読みます。

失敗作の接着剤をもとに、1980年にアメリカではじめて製品化されたポストイットが、「**付箋**」です。比較的新しい文房具で、「箋」とは、書くための細長い紙片や手紙のことです。

接着や洗濯の仕上げに活用される「**糊**」は、かつて米や麦などのデンプン質から作られていました。

子どもの遊びやおもちゃの漢字に挑戦！

難易度★★

問 懐かしさあふれる、子どものおもちゃや遊びの漢字です。

①玩具	②双六	③歌留多	④御弾き
⑤貝独楽	⑥面子	⑦賽子	⑧童歌
⑨万華鏡	⑩一万尺	⑪不倒翁	⑫雲梯
⑬縫い包み	⑭回転木馬	⑮飯事	⑯達磨

① がんぐ	⑤ ベーゴマ	⑨ まんげきょう	⑬ ぬいぐるみ
② すごろく	⑥ めんこ	⑩ いちまんじゃく	⑭ かいてんもくば
③ かるた	⑦ さいころ	⑪ おきあがりこぼし	⑮ ままごと
④ おはじき	⑧ わらべうた	⑫ うんてい	⑯ だるま

「独楽」の語源は中国語です。ひもを巻いて回して遊ぶ「**貝独楽**」は、ばい貝に砂などを詰めて遊んだことからこの字が当てられました。

イギリス発祥の「**万華鏡**」は灯台の光を遠くまで届かせる、鏡の組み合わせを工夫しているさいに生まれたとされています。

「**不倒翁**」は倒れても必ず起き上がるので、不老不死を意味して名付けられました。「起(おき)上(あがり)小法師(こぼし)」とも書きます。

中国禅宗の開祖とされているインド人仏教僧の達磨大師(だるまだいし)に由来する「**達磨**」は、「だるまさんが転んだ」の遊びで登場します。

一字で表わす魚介類の漢字に挑戦！

難易度
★★

問 お寿司屋さんの湯飲み茶わんに書かれている、魚へんのついたたくさんの漢字です。

⑬	⑨	⑤	①
𩸽	鱒	鰆	鮗
⑭	⑩	⑥	②
鱚	鱶	鮨	鰡
⑮	⑪	⑦	③
鰈	鱸	鰤	鯰
⑯	⑫	⑧	④
鱓	鱧	鰰	鰍

①このしろ	⑤さわら	⑨ます	⑬ほっけ
②ぼら	⑥はた	⑩ふか	⑭きす
③なまず	⑦ぶり	⑪すずき	⑮かれい
④かじか	⑧はたはた	⑫はも	⑯うつぼ

「鮗」は背が青く、腹が白い魚で、冬が旬のためにこの漢字が当てられました。

「鰤」は出世魚で、成長とともに名前が「ワカシ」「イナダ」「ハマチ」などと変わります。

「鰰」は冬が旬であり、雷の季節でもあるため、カミナリウオとも呼ばれ、魚＋神で「鰰」もしくは「鱩」と書かれることもあります。

「鱶」はサメ類の凶暴な魚です。フカヒレとして中国料理では珍重されます。

「𩸽」の「け」の音に「花」を当てました。ほっけは北日本でよくとれる魚です。

「鰈」は、蝶(ちょう)などと同じように「体が薄い」魚という意味から取られました。

「鱓」は、ウナギに似た魚です。食用になります。

二字で表わす魚介類の漢字に挑戦！

難易度
★★

問 見慣れた漢字と魚の組み合わせ。簡単には読み解けません。

① 鮟鱇	⑤ 海星	⑨ 平政	⑬ 魚虎
② 海鼠	⑥ 公魚	⑩ 栄螺	⑭ 海鞘
③ 虎魚	⑦ 勇魚	⑪ 水母	⑮ 泥鰌
④ 海胆	⑧ 大鮃	⑫ 海馬	⑯ 海蘿

① あんこう	② なまこ	③ おこぜ	④ うに
⑤ ひとで	⑥ わかさぎ	⑦ いさな	⑧ おひょう
⑨ ひらまさ	⑩ さざえ	⑪ くらげ	⑫ たつのおとしご
⑬ はりせんぼん	⑭ ほや	⑮ どじょう	⑯ ふのり

「**海鼠**」は、生食できます。腸を取って干したものは海参（いりこ）、内臓を海鼠腸（このわた）、卵巣を干したものを海鼠子（このこ）といい、いずれも珍味として重宝されます。

「**公魚**」は江戸時代に将軍家に献上されたことで、「公の魚」と漢字を当てるようになりました。春が旬のため、桜魚と書く場合もあります。

「**勇魚**」は、鯨の古い呼び名です。鯨という呼び名は口が大きいさまを表わす「くちひろ」が変化したといわれています。

「**栄螺**」の「螺」は、螺旋状の殻をもつ貝の総称です。

「**泥鰌**」の「鰌」だけでもどじょうと読みますが、淡水の泥にすむため泥の字を付けるようになったのです。

三字で表わす魚介類の漢字に挑戦！

難易度★★★

問 当て字でしょうか。三字の組み合わせは簡単には読み解けません。

① 石首魚	⑤ 介党鱈	⑨ 比目魚	⑬ 真魚鰹
② 黍魚子	⑥ 拶双魚	⑩ 海松貝	⑭ 秋刀魚
③ 氷下魚	⑦ 春告魚	⑪ 翻車魚	⑮ 伊佐木
④ 鹿尾菜	⑧ 柳葉魚	⑫ 眼仁奈	⑯ 鮎魚女

① いしもち	② きびなご	③ こまい	④ ひじき
⑤ すけとうだら	⑥ さっぱ	⑦ ・メバル ・にしん	⑧ ししゃも
⑨ ひらめ	⑩ みるがい	⑪ まんぼう	⑫ めじな
⑬ まながつお	⑭ さんま	⑮ いさき	⑯ あいなめ

「**氷下魚**」は字のごとく、冬季に凍った海に穴を開けて釣ります。

「**介党鱈**」は、韓国では明太魚（ミンタア）と呼ばれ、ここから明太子（メンタイコ）（一般的に明太子はスケドウダラの卵）の名が付きました。

「**眼仁奈**」は眼が体の先についているので、眼近魚（めぢかな）と呼ばれたことからきています。

「**伊佐木**」は、全国の岬のそばに生息していたため、魚岬（いさき）と呼ばれたという説があります。また、体の色がイノシシの子に似ていることからウリボウと呼ばれることもあります。

「**鮎魚女**」は、本州全域に生息し、鮎のように縄張りをもつことから鮎並（あゆなみ）と呼ばれ、そこからアイナメになりました。

一字で表わす鳥の漢字に挑戦！

難易度
★★★

問 一字で鳥を表わす漢字には、鳴き声から取られたものが少なくありません。

① 鷽

② 鶩

③ 鸛

④ 梟

⑤ 鳧

⑥ 鳰

⑦ 鴇

⑧ 鴫

⑨ 鴻

⑩ 鵤

⑪ 鵐

⑫ 鵲

⑬ 鶉

⑭ 鵯

⑮ 鶇

⑯ 鵺

① うそ	⑤ けり	⑨ ひしくい	⑬ うずら
② あひる	⑥ かいつぶり	⑩ いかる	⑭ ひよどり
③ こうのとり	⑦ とき	⑪ しとど	⑮ つぐみ
④ ふくろう	⑧ しぎ	⑫ かささぎ	⑯ ぬえ

「**鷽**」は平安時代の貴族、菅原道真（すがわらのみちざね）の使いとされ、お守りなどになっている悲しげな声で鳴く鳥です。

「**鳧**」は鳩（はと）ぐらいの大きさで、外敵が巣に近づくとわざと傷ついたふりをして敵を巣から引き離す、疑傷（ぎしょう）という行動で知られています。

「**鵲**」はチャチャと鳴き、中国では吉兆（きっちょう）と捉えられています。その音を表わす「昔」が付けられました。

「**鵺**」はトラツグミとも呼ばれます。伝説上の妖怪を「鵺」と書くのは、鳴き声がトラツグミに似ているとされたためです。

二、三字で表わす鳥の漢字に挑戦！

難易度
★★★

問 鳥の姿や性質を表わす名前が多いですが、漢字を見ただけでは想像もつきません。「翡翠」は「ひすい」ではありません。

① 時鳥	② 橿鳥	③ 狗鷲	④ 矮鶏
⑤ 翡翠	⑥ 軍鶏	⑦ 鸚哥	⑧ 郭公
⑨ 木菟	⑩ 雲雀	⑪ 鶺鴒	⑫ 鸚鵡
⑬ 伽藍鳥	⑭ 信天翁	⑮ 烏骨鶏	⑯ 金糸雀

① ほととぎす	② かけす	③ いぬわし	④ ちゃぼ
⑤ かわせみ	⑥ しゃも	⑦ いんこ	⑧ かっこう
⑨ みみずく	⑩ ひばり	⑪ せきれい	⑫ おうむ
⑬ ぺりかん	⑭ あほうどり	⑮ うこっけい	⑯ かなりあ

ジャージャーと鳴く「**橿鳥**」は、体は黒く羽は青色と白色です。ほかの鳥の鳴き声を真似たりします。これは天敵に認識されないようカモフラージュするためだといわれています。

「**翡翠**」は暗い緑青色と空色との組み合わせが美しく、空飛ぶ宝石ともいわれることからこの漢字が当てられました。

「**金糸雀**」は姿も鳴き声も美しい鳥です。

「**鸚哥**」は鸚鵡（おうむ）の仲間です。鸚鵡よりもひと回り小さいため、可愛らしいの意の「哥」がつきました。

「**烏骨鶏**」の、羽毛は白黒ですが、皮や肉、骨は暗い紫色をしているためにこの名がつけられました。

昆虫の漢字に挑戦！

難易度★★★

問 「虫」という漢字が付かない昆虫も多いようです。

⑬ 螽斯	⑨ 竈馬	⑤ 蟋蟀	① 天牛
⑭ 大蚊	⑩ 轡虫	⑥ 瓢虫	② 天蛾
⑮ 叩頭虫	⑪ 蚋	⑦ 邯鄲	③ 椿象
⑯ 尺蠖虫	⑫ 飛蝗	⑧ 蟷螂	④ 水黽

① かみきりむし	⑤ こおろぎ	⑨ かまどうま	⑬ きりぎりす
② すずめが	⑥ てんとうむし	⑩ くつわむし	⑭ ががんぼ
③ かめむし	⑦ かんたん	⑪ ぶゆ	⑮ こめつきむし
④ あめんぼ	⑧ かまきり	⑫ ばった	⑯ しゃくとりむし

「**水黽**」の「黽」は頭の大きなカエルの意味で、水上を走る姿からきています。一方、水飴に似た臭気を出すため、飴ん坊とも呼ばれ、これが和名になりました。

「**飛蝗**」の「蝗」はイナゴを指し、大群で移動するスケールの大きさを皇(コウ)としたといわれています。

「**螽斯**」の「螽」は季節の冬ではなく、たくさん溜めるという意味で、幼虫をたくさん生むためにつけられました。

「**叩頭虫**」は、仰向けになると頭で地面を叩いて起き上がる姿からきています。

「**尺蠖虫**」の「蠖」には丸い枠を作って囲い込むという意味があり、尺蠖虫の動くさまを表わしています。

昆虫ではない虫たちの漢字に挑戦！

難易度
★★★

問 昆虫に分類されない虫の漢字にも「虫」の字が入っています。

①	②	③	④
海蛆	灸虫	鼠姑	蚰蜒
⑤	⑥	⑦	⑧
蚯蚓	蛞蝓	蝨	蠹魚
⑨	⑩	⑪	⑫
恙虫	馬陸	蛭	蠅虎
⑬	⑭	⑮	⑯
沙虫	蜈蚣	條虫	擬蠍

①	⑤	⑨	⑬
ふなむし	みみず	つつがむし	いさごむし
②	⑥	⑩	⑭
やいとむし	なめくじ	やすで	むかで
③	⑦	⑪	⑮
わらじむし	しらみ	ひる	さなだむし
④	⑧	⑫	⑯
げじげじ	しみ	はえとりぐも	かにむし

「**灸虫**」はクモの仲間で、尻尾にある突起の形がお灸に似ているため、この漢字が当てられました。

「**蛞蝓**」の「蝓」は抜け出すの意味があり、穴から出る姿を表わしたようです。

「**蚯蚓**」は「蚓」の一字だけでもミミズの意味になり、ミミズが掘ったあとは小さな丘になるため「蚯」の字を付けました。

「**蝨**」は、迅速と同じ意味を持ち、動きが速くて見えにくいようすを表わしています。

「**蠹魚**」の「蠹」は虫が食い破るの意味で、本などを食べる虫のことです。走り方が魚に似ていることから「魚」が付きました。

「**擬蠍**」はクモの仲間で、「蠍(サソリ)」のしっぽを取ったような姿であるため、この名が付きました。

＼もっと／

漢字力を高めるコラム①

同形異音語

同じ漢字でも読み方が違う漢字のことを「同形異音語」といいます。日本の漢字は適材適所、場面によって読み方が変わる漢字が多くあります。

漢字のある日本独特の言語文化だといえます。

同表記異音語、同綴異音語、同字異音語ともいうようです。

「同形異音語」のなかには一文字の漢字に三つ以上の読み方がある場合もあるようです。今回は二つの読み方をもつ漢字を以下に紹介します。

使い時に応じて正しい読み方ができるよう、ここで覚えておきましょう。

漢字	読み方	読み方
大勢	おおぜい	たいせい
声明	せいめい	しょうみょう
経緯	けいい	いきさつ
後々	のちのち	あとあと
横柄	よこがら	おうへい
何時	いつ	なんじ
牧場	ぼくじょう	まきば
墓石	ぼせき	はかいし
高潮	こうちょう	たかしお
紅葉	こうよう	もみじ
船底	ふなぞこ	せんてい
銀杏	ぎんなん	いちょう

2 難読地名の読み歩き

JR北海道の駅名に挑戦！

難易度 ★★★

問 アイヌ語に由来する駅名が残っています。

① 銭函	② 上幌向	③ 厚岸	④ 止別
⑤ 苗穂	⑥ 早来	⑦ 新冠	⑧ 母恋
⑨ 国縫	⑩ 七飯	⑪ 納内	⑫ 節婦
⑬ 発寒	⑭ 西留辺蘂	⑮ 妹背牛	⑯ 石狩太美

① ぜにばこ	⑤ なえぼ	⑨ くんぬい	⑬ はっさむ
② かみほろむい	⑥ はやきた	⑩ ななえ	⑭ にしるべしべ
③ あっけし	⑦ にいかっぷ	⑪ おさむない	⑮ もせうし
④ やむべつ	⑧ ぼこい	⑫ せっぷ	⑯ いしかりふとみ

「**銭函**」は、小樽がニシン漁でにぎわっていたころ、漁師の家に銭箱が積まれていたことから付いた地名です。

競走馬の育成牧場がある「**早来**」は「早来ファーム（現在は白老（しらおい）ファームYearlingに改称）」があるため、オールド競馬ファンにはおなじみでしょう。

「**発寒**」はアイヌ語の「ハッチャムベツ（ムクドリの居る川）」に由来するといわれています。

「**留辺蘂**」は、アイヌ語の「ルペシュペ」が由来です。アイヌ語では、道のことを「ルー」峠を越える道を「ルペシュペ」といい、ペをべにし、シュペをシべにしてルベシべと訳し、さらに漢字を当て今日にいたっています。

東京の地下鉄、私鉄の駅名に挑戦！

難易度
★★

問 都内の難読駅名は、山手線から離れた場所に多いようです。

① 九品仏
② 御成門
③ 舎人
④ 本所吾妻橋
⑤ 百草園
⑥ 馬喰横山
⑦ 茅場町
⑧ 妙典
⑨ 等々力
⑩ 中延
⑪ 内幸町
⑫ 茗荷谷
⑬ 仲御徒町
⑭ 東雲
⑮ 本八幡
⑯ 雑色

① くほんぶつ	② おなりもん	③ とねり	④ ほんじょあづまばし
⑤ もぐさえん	⑥ ばくろよこやま	⑦ かやばちょう	⑧ みょうでん
⑨ とどりき	⑩ なかのぶ	⑪ うちさいわいちょう	⑫ みょうがだに
⑬ なかおかちまち	⑭ しののめ	⑮ もとやわた	⑯ ぞうしき

大正十八年ごろから呼ばれているとされる「**御成門**」は、徳川家の将軍が菩提(ぼだい)寺である増上(ぞうじょう)寺の裏門を、訪問するさいに使っていたため、「御成門」という名称で呼ばれたのがはじまりといわれています。「将軍様の、おな〜り〜」という声が聞こえてきそうです。

鬱蒼(うっそう)とした沼地帯だったという「**茅場町**」。江戸に幕府を開いた徳川家康は、「茅(かや)」商人たちを当地に移住させる命を出し、これが地名の由来とされています。

「**本八幡**」は都営地下鉄の駅ですが、千葉県にあります。

「**内幸町**」という名は、山下(やました)御門と幸橋(さいわいばし)御門の内側に位置していたことに由来しています。

阪急電鉄の駅名に挑戦！

難易度
★★

問 地名などにかかわらず、阪急でとくに難読が多いのは宝塚本線です。

①西院
②上桂
③上牧
④吹田
⑤十三
⑥武庫之荘
⑦門戸厄神
⑧夙川
⑨御影
⑩蛍池
⑪牧落
⑫雲雀丘花屋敷
⑬売布神社
⑭清荒神
⑮逆瀬川
⑯小林

① さいいん	⑤ じゅうそう	⑨ みかげ	⑬ めふじんじゃ
② かみかつら	⑥ むこのそう	⑩ ほたるがいけ	⑭ きよし こうじん
③ かんまき	⑦ もんどやく じん	⑪ まきおち	⑮ さかせがわ
④ すいた	⑧ しゅくがわ	⑫ ひばりがおか はなやしき	⑯ おばやし

「西」をさいと読む「**西院**」駅は、京都府の告示により「さいいん」が公称化されたことが由来となったようです。

「**十三**」の由来には、西成郡（にしなりぐん）の起点の飛田（今の阿倍野）から古代の条里制で数えて十三条目であったため、条がとれて十三になったという説と、淀川で上流から十三番目の渡し場があったからという説があります。

「**蛍池**」は阪急電鉄の創業者、小林一三（こばやしいちぞう）の意向で駅から離れていた蛍狩が行なわれる「池」にちなみ、この名が当てられました。

「**雲雀丘花屋敷**」は、別々だった雲雀ヶ丘駅と花屋敷駅が合体することとなり、花屋敷自治会長と雲雀丘自治会長がジャンケンをし、花屋敷側が負けて駅名が雲雀丘花屋敷駅となったようです。

ＪＲ四国の駅名に挑戦！

難易度
★★★

問 難読駅名の多いＪＲ四国の漢字をピックアップしました。

① 鬼無
② 讃岐牟礼
③ 撫養
④ 甲浦
⑤ 後免町
⑥ 和食
⑦ 吾桑
⑧ 薊野
⑨ 浮鞭
⑩ 宿毛
⑪ 務田
⑫ 浅海
⑬ 壬生川
⑭ 祖谷口
⑮ 麻植塚
⑯ 府中

① きなし	⑤ ごめんまち	⑨ うきぶち	⑬ にゅうがわ
② さぬきむれ	⑥ わじき	⑩ すくも	⑭ いやぐち
③ むや	⑦ あそう	⑪ むでん	⑮ おえづか
④ かんのうら	⑧ あぞうの	⑫ あさなみ	⑯ こう

「**鬼無**」の地名の由来は、鬼ヶ島に鬼退治に行った桃太郎が逃げ延びた鬼をこの地で征伐し、鬼がいなくなったためだといいます。この地はかつて木が生えていないことから、毛無（けなし）と書かれていました。

現在の徳島県鳴門市撫養町にある「**撫養**」。古くは牟夜と書き、阿波国にあった地名で、港に船をつなぐ意味の「もやい」の転訛とする説が有力です。

「**宿毛**」の中心地は今から三、四千年前の遠浅の海で、大湿原の一面に葦（ヨシ）が生い茂っていたと言います。古代の人々は、和歌などにも詠まれているように枯れた葦のことを「すくも」と言い、宿毛の名前の由来はここから来ているといわれています。

北海道の地名に挑戦！

難易度
★★★

問 難読地名が多い北海道ですが、アイヌ語に漢字の音を当てて表記した地名には法則があり、実はルーツを推測しやすいものがあります。

① 弟子屈	② 占冠	③ 大楽毛	④ 旅来
⑤ 白人	⑥ 生花苗	⑦ 入境学	⑧ 冬窓床
⑨ 富武士	⑩ 輪厚	⑪ 一已	⑫ 支寒内
⑬ 生振	⑭ 押帯	⑮ 文庫歌	⑯ 秩父別

①てしかが	⑤ちろっと	⑨とっぷし	⑬おやふる
②しむかっぷ	⑥おいかまない	⑩わっつ	⑭おしょっぷ
③おたのしけ	⑦にこまない	⑪いちゃん	⑮ぶんがた
④たびこらい	⑧ぶいま	⑫ししゃもない	⑯ちっぷべつ

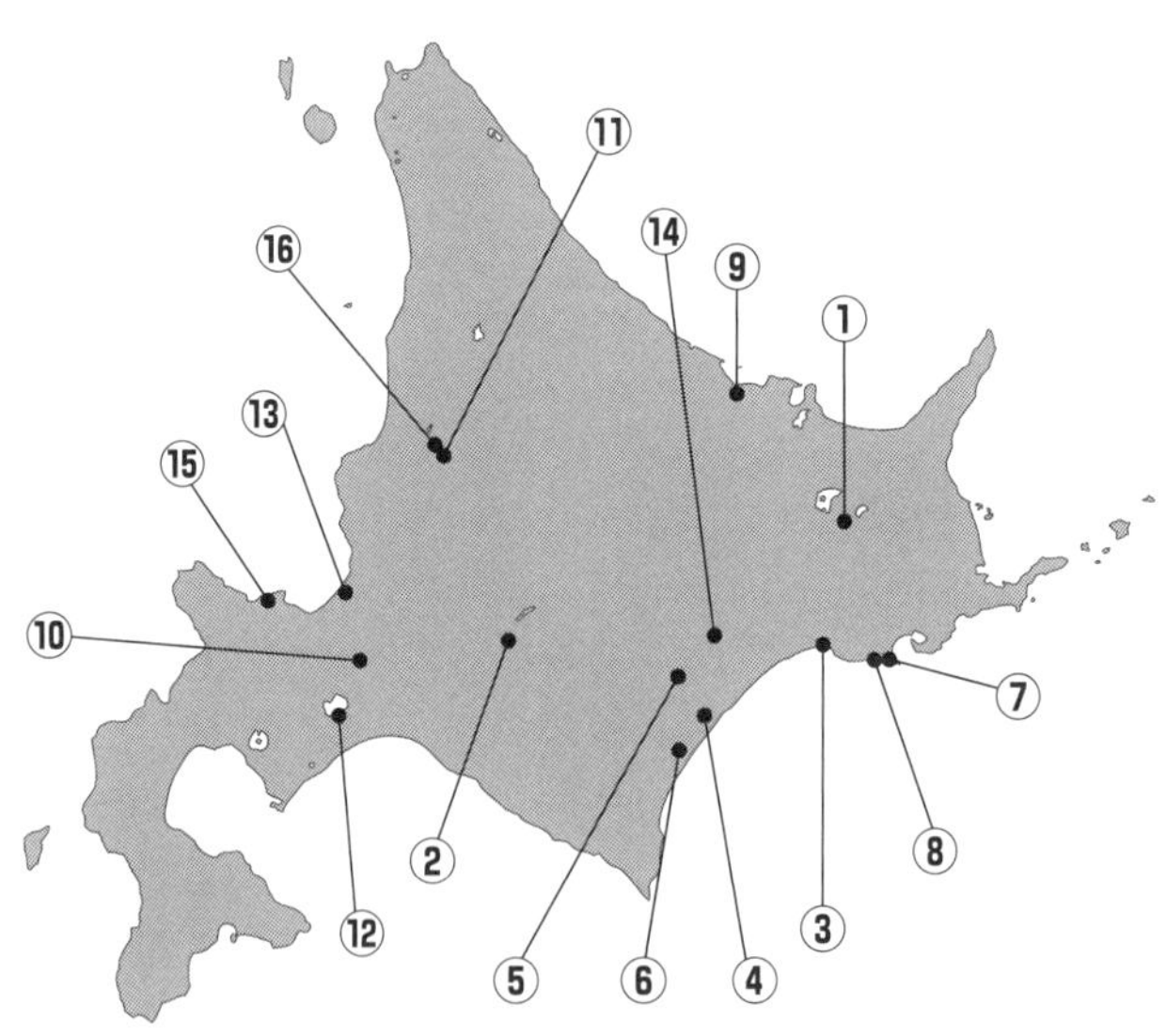

東北地方の地名に挑戦！

難易度★★★

問 東北にもアイヌ語の影響を受けたと思われる地名がありますが、やはり和語がルーツの難読地名が多いようです。

①	②	③	④
王余魚沢	九百厇	泥障作	太田光
⑤	⑥	⑦	⑧
撫牛子	株梗木	尻労	門崎
⑨	⑩	⑪	⑫
祭畤	機織轌ノ目	無音	合戦谷
⑬	⑭	⑮	⑯
魚板	雪洞	微温湯	寄合水

⑬ えりどう	⑨ まつるべ	⑤ ないじょうし	① かれいざわ
⑭ ぼんぼり	⑩ はたおり そりのめ	⑥ ぐみのき	② きゅうひゃく きろ
⑮ ぬるゆ	⑪ よばらず	⑦ しつかり	③ あおづくり
⑯ せせらぎ	⑫ かせがい	⑧ かんざき	④ おおたっぴ

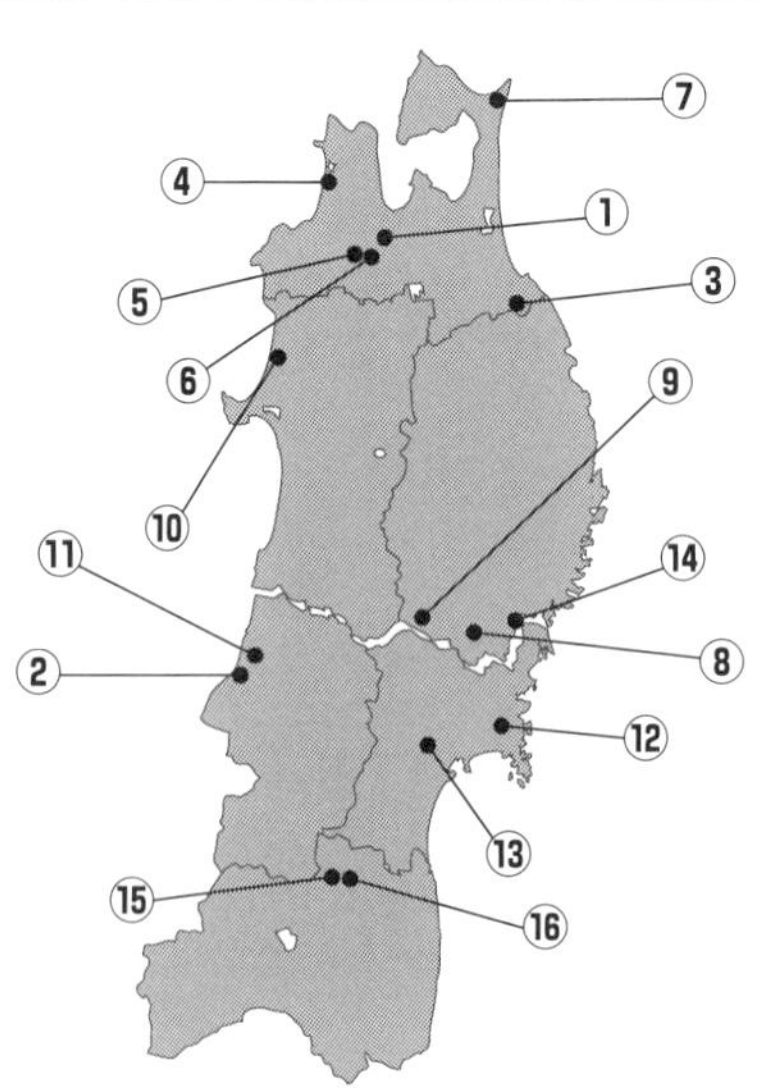

首都圏の地名に挑戦！

難易度 ★★★

問 広大な関東平野に広がる首都圏は、開墾された土地があるため、新田開発にちなんだ地名が多くあります。

① 木葉下町	② 月出里	③ 小堀	④ 徳次郎
⑤ 接骨木	⑥ 西汗	⑦ 六合	⑧ 境百々
⑨ 新開	⑩ 男衾	⑪ 海底	⑫ 𣜿島
⑬ 国玉	⑭ 横渚	⑮ 匝瑳	⑯ 休戸郷

⑬	⑨	⑤	①
くだま	しびらき	にわとこ	あぼっけちょう
⑭	⑩	⑥	②
よこすか	おぶすま	にしふざかし	すだち
⑮	⑪	⑦	③
そうさ	おぞこ	くに	おおほり
⑯	⑫	⑧	④
やすんどごう	ぬでしま	さかいどうどう	とくじら

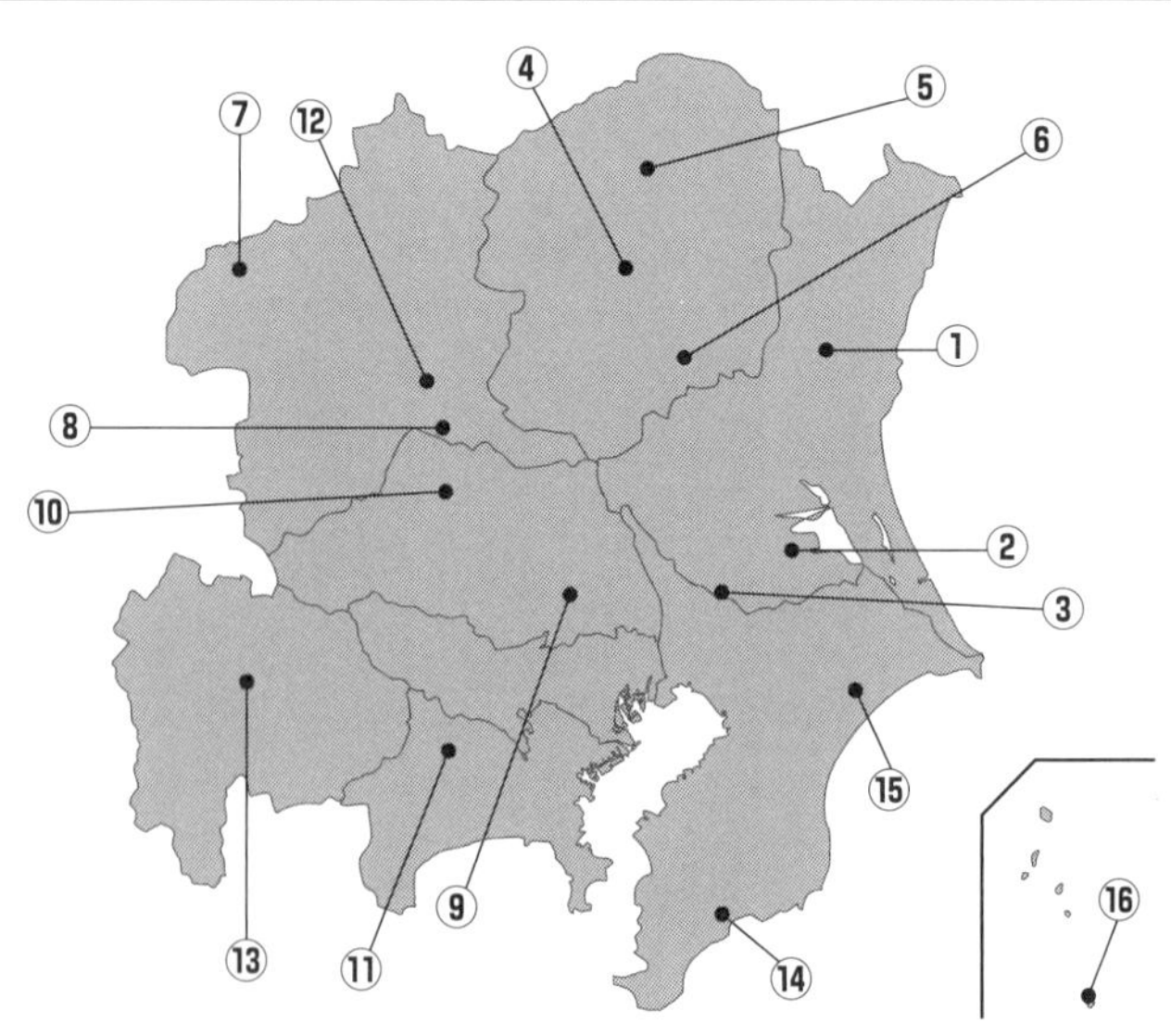

東海地方の地名に挑戦！

難易度 ★★★

問 静岡、愛知、岐阜、三重の各県に残る難読地名です。方言を由来とする地名もあります。

① 七五三	⑤ 杁中	⑨ 祢宜ケ沢上	⑬ 駅部田
② 岩作	⑥ 者結	⑩ 小谷	⑭ 石鏡
③ 兀山町	⑦ 御望	⑪ 阿保	⑮ 長太
④ 月原	⑧ 交人	⑫ 和無田	⑯ 賎機

① しめ	⑤ いりなか	⑨ ねがそれ	⑬ まえのへた
② やざこ	⑥ じゃけつ	⑩ こたて	⑭ いじか
③ はげやまちょう	⑦ ごも	⑪ あお	⑮ なご
④ わちばら	⑧ ましと	⑫ わんだ	⑯ しずはた

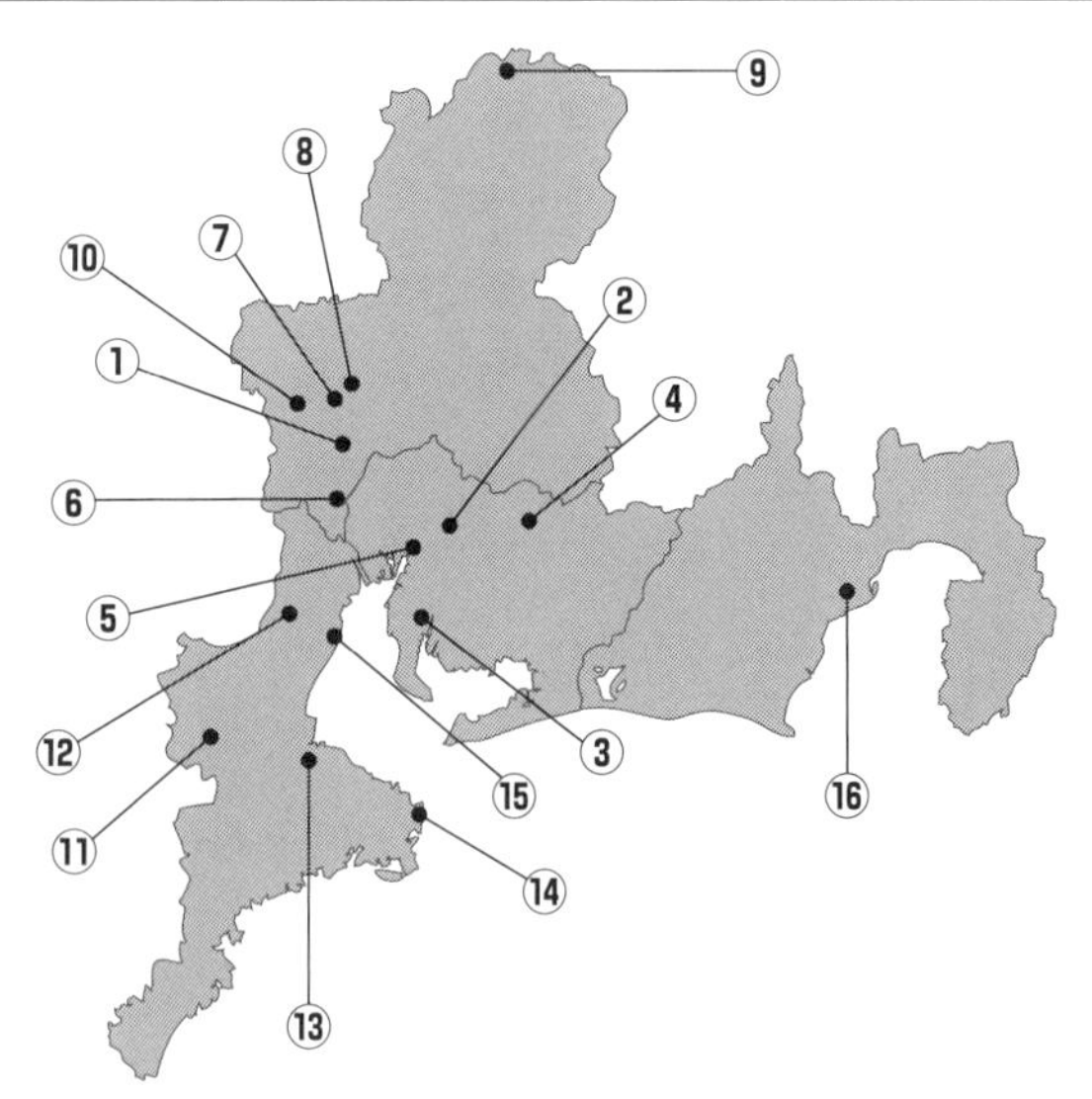

北信越地方の地名に挑戦！

難易度
★★★

問 北陸、長野、新潟の三県も難読地名の多い地域です。普段とは違った読み方をする漢字もあります。

① 上戸	⑤ 中東	⑨ 眼目	⑬ 曽万布
② 六供	⑥ 葎生	⑩ 四十万	⑭ 無悪
③ 鬼無里	⑦ 鼠谷	⑪ 行町	⑮ 清水
④ 鳥原	⑧ 小神	⑫ 間明	⑯ 伺去

① あがっと	⑤ なかまるけ	⑨ さっか	⑬ そんぼ
② ろっく	⑥ もぐろう	⑩ しじま	⑭ さかなし
③ きさな	⑦ よめだん	⑪ あるきまち	⑮ しょうず
④ とっぱら	⑧ おこ	⑫ まぎら	⑯ しゃり

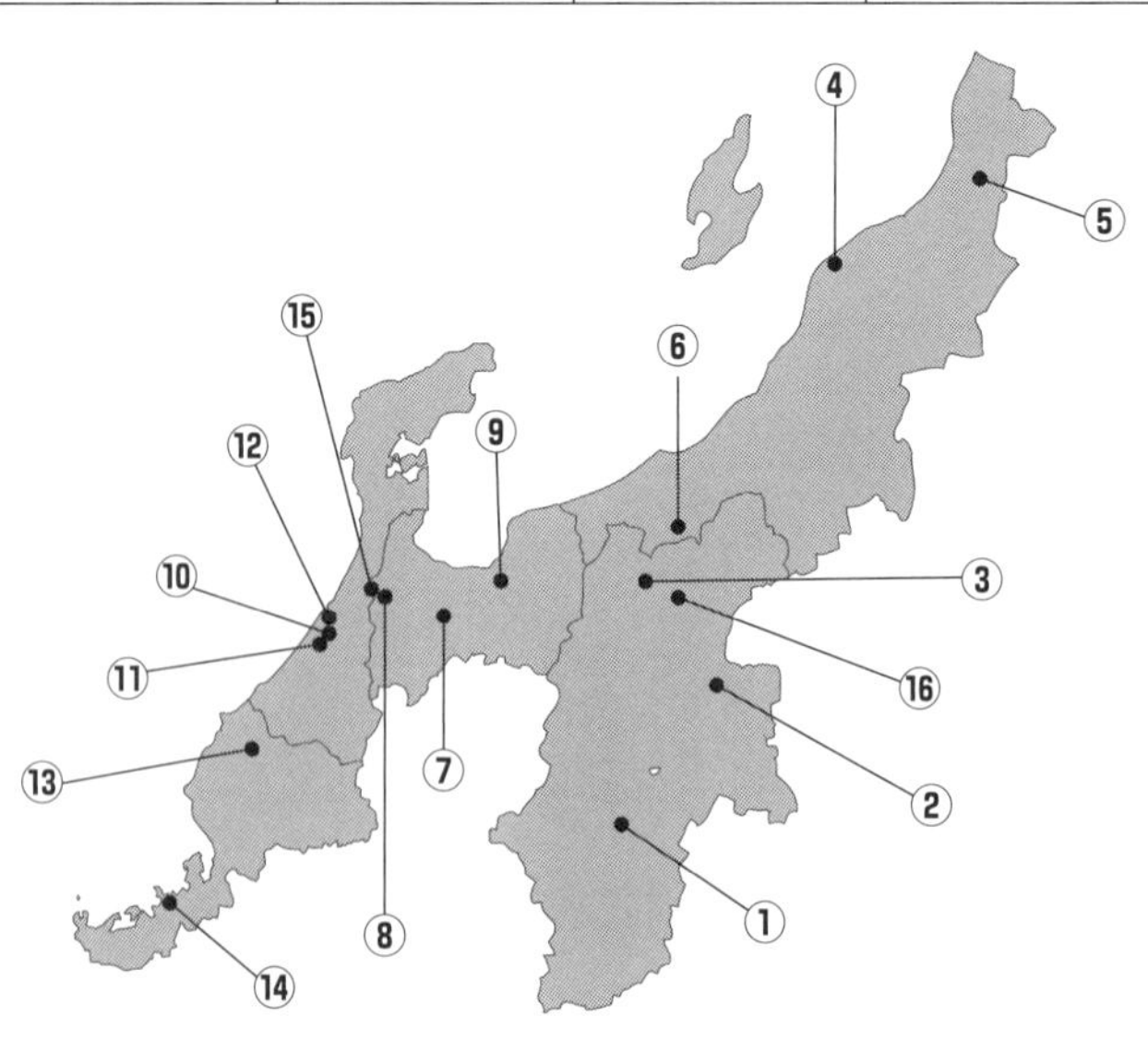

近畿地方の地名に挑戦！

難易度
★★★

問 かつて日本の都が置かれていた、奈良や京都をかかえる近畿地方には、由緒ある難読地名が多くあります。

① 罧原	⑤ 男鬼	⑨ 杭全	⑬ 五百家
② 久我	⑥ 虫生	⑩ 柴島	⑭ 小
③ 女布	⑦ 別府	⑪ 蹉跎	⑮ 阿字万字町
④ 住所大山	⑧ 依羅	⑫ 薑	⑯ 勝成

⑬ いうか	⑨ くまた	⑤ おおり	① ふしはら
⑭ おむら	⑩ くにじま	⑥ むしゅう	② こが
⑮ あぜまめちょう	⑪ さだ	⑦ べふ	③ にょう
⑯ よしなり	⑫ はじかみ	⑧ よさみ	④ すみんじょおおやま

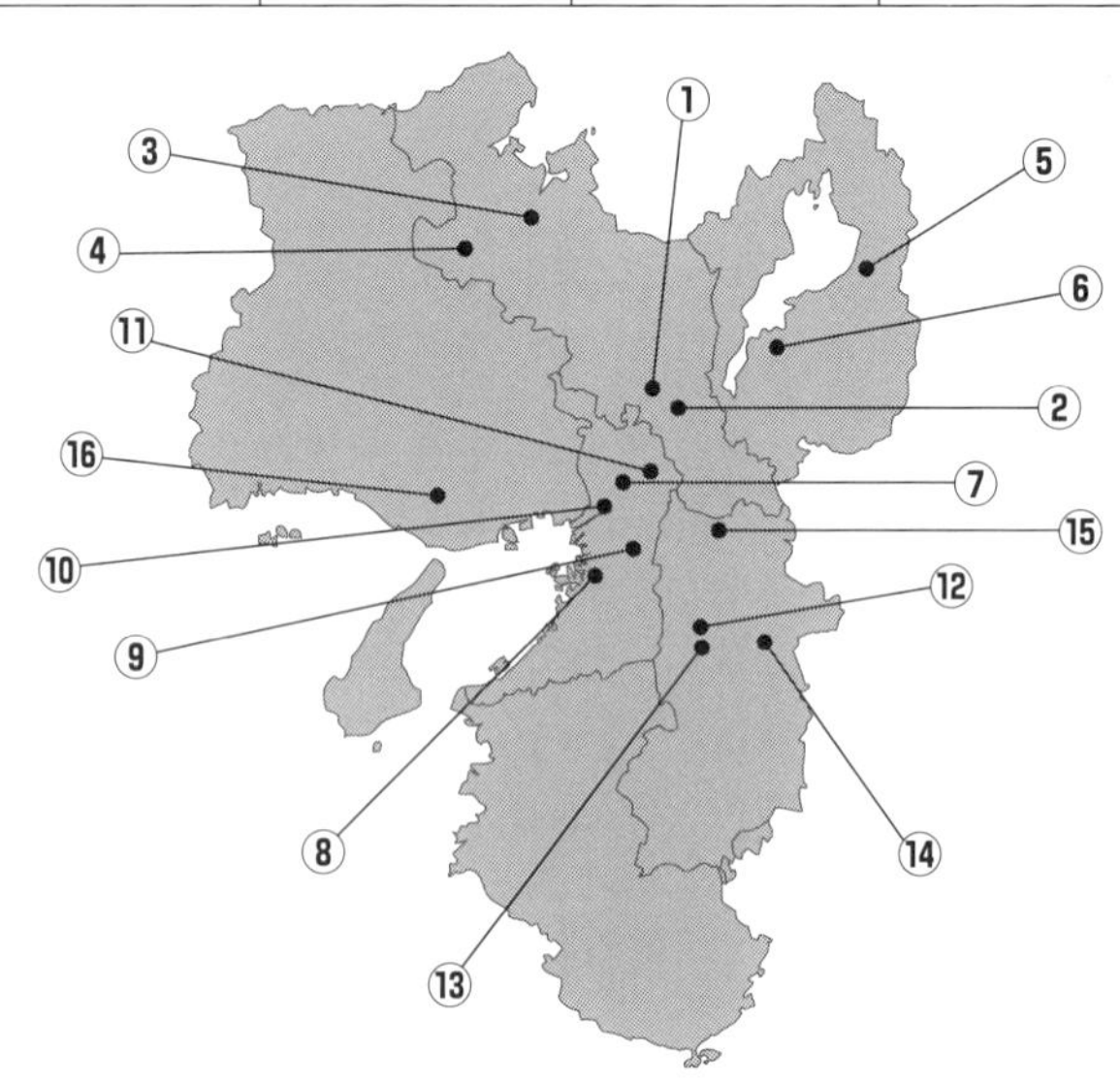

中国地方の地名に挑戦！

難易度★★★

問 神話にも登場するほど歴史のある中国地方。ならではの難読地名から、簡単な漢字なのに読めない地名まで。

① 臘数	⑤ 温品	⑨ 雑賀町	⑬ 不入岡
② 清音三因	⑥ 田頭	⑩ 内日	⑭ 清水
③ 神戸	⑦ 比作	⑪ 莇地	⑮ 方面
④ 八神	⑧ 柞磨	⑫ 紫福	⑯ 十六島町

⑬ ふにおか	⑨ さいかまち	⑤ ぬくしな	① しわす
⑭ すんず	⑩ うつい	⑥ たんどう	② きよねみより
⑮ かたも	⑪ あどうじ	⑦ ひっつくり	③ じんご
⑯ うっぷるいちょう	⑫ しぶき	⑧ たるま	④ ねりがみ

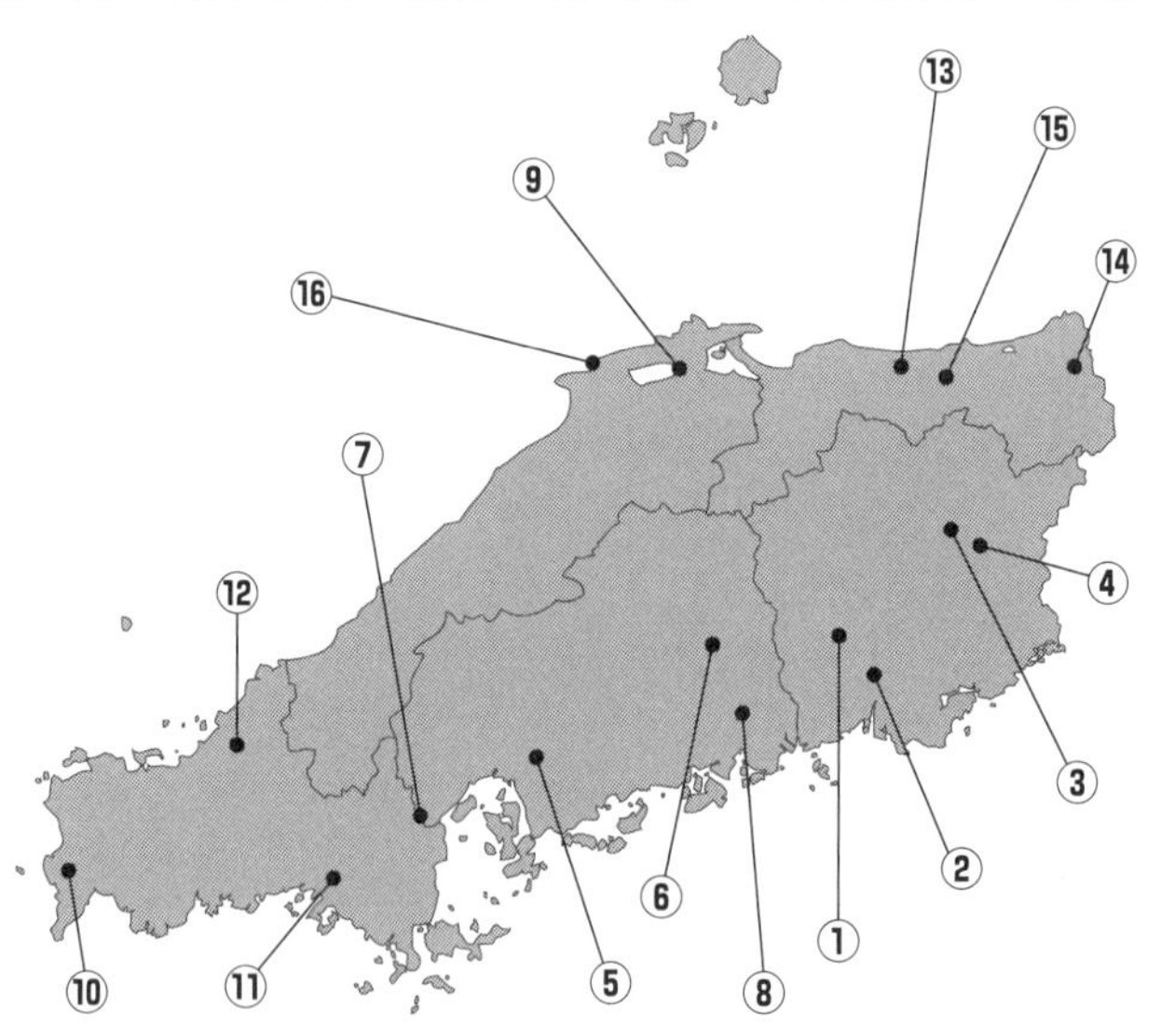

四国地方の地名に挑戦！

難易度 ★★★

問 緑豊かな山々、自然の多い四国地方。自然現象や植物の名前に由来する難読漢字が地名にも使われています。

① 申生田	② 妻鳥	③ 水泥町	④ 斎院
⑤ 三角	⑥ 真時	⑦ 小村町	⑧ 凹原
⑨ 迯田	⑩ 久米氏	⑪ 野老山	⑫ 鵜来巣
⑬ 高須絶海	⑭ 尾立	⑮ 頭集	⑯ 落雷

① さるうだ	⑤ みょうか	⑨ にげた	⑬ たかすたるみ
② めんどり	⑥ さんとき	⑩ きみょうじ	⑭ ひじ
③ みどろまち	⑦ おもれちょう	⑪ ところやま	⑮ かしらつどい
④ さや	⑧ ひっこんぱら	⑫ うぐるす	⑯ おちらい

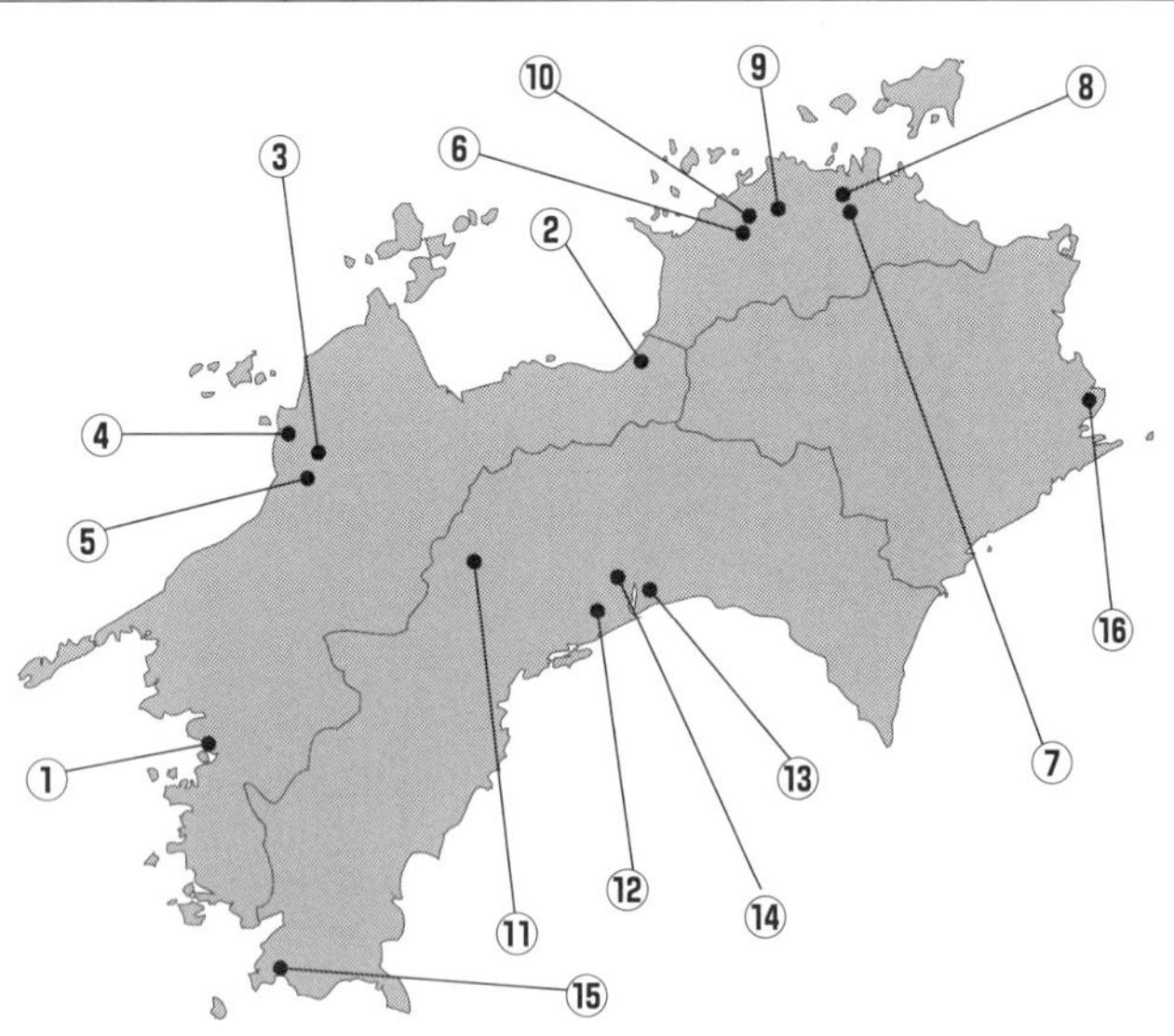

九州地方の地名に挑戦！

難易度 ★★★

問 長崎や鹿児島、熊本など、海外とのつながりが深い九州。不思議なひびきの難読漢字が地名となっています。

① 別府町
② 女原
③ 贄波
④ 海路口
⑤ 八景水谷
⑥ 魚貫
⑦ 馬蛤潟
⑧ 咾分
⑨ 的
⑩ 出水
⑪ 肆部合
⑫ 石燈籠
⑬ 最勝海浦
⑭ 豊饒
⑮ 明礬
⑯ 半城

①	⑤	⑨	⑬
びゅうまち	はけのみや	いくわ	にいなめうら
②	⑥	⑩	⑭
みょうばる	おにき	いずみ	ぶにょう
③	⑦	⑪	⑮
にえなみ	まてがた	しぶあい	みょうばん
④	⑧	⑫	⑯
うじぐち	おとなぶん	いづろ	はんせい

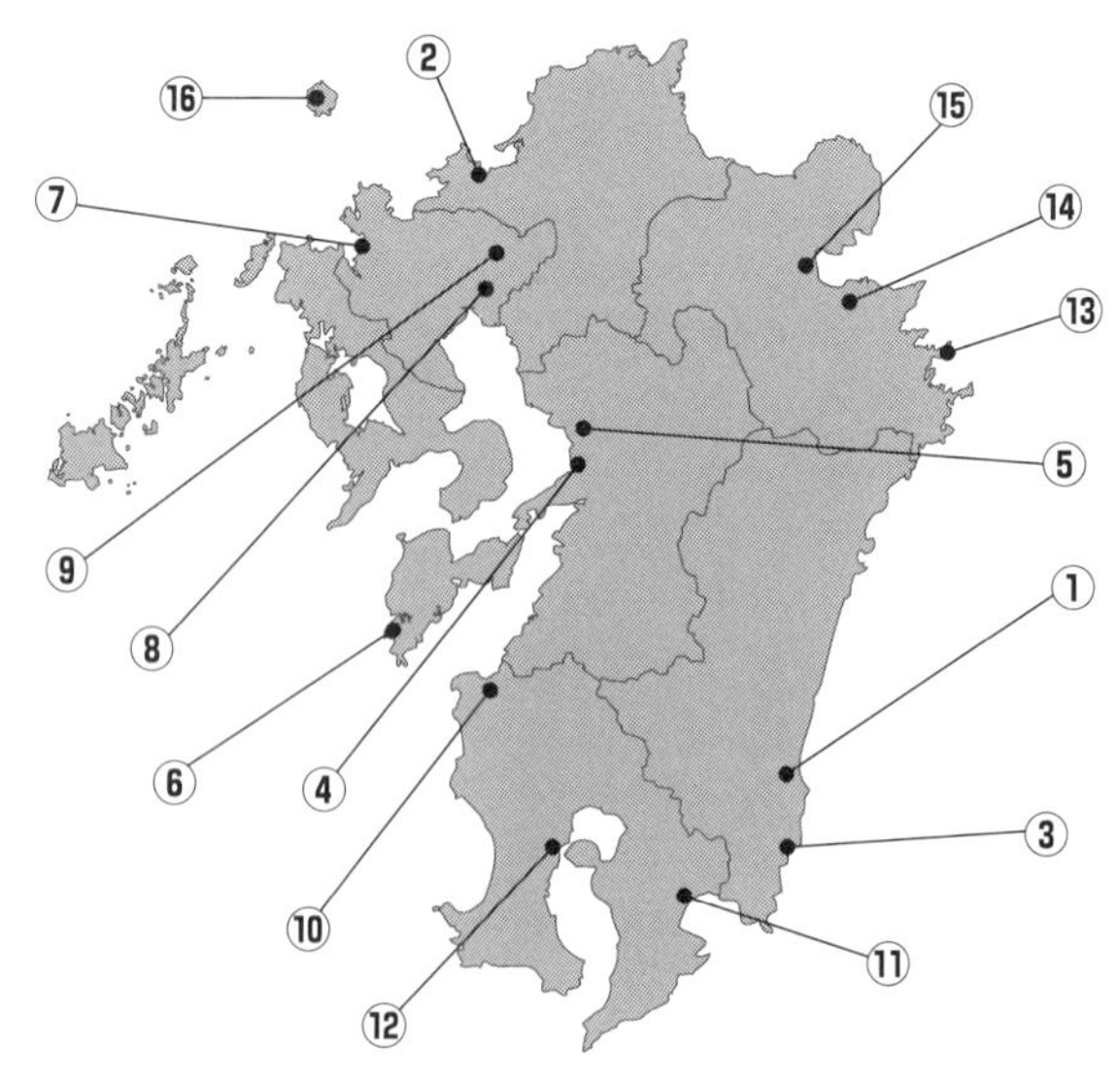

沖縄の地名に挑戦！

難易度
★★★

問 方言を由来とする難読地名がたいへん多い沖縄地方です。

① 東山
② 勢理客
③ 西洲
④ 御殿敷
⑤ 城辺保良
⑥ 美作
⑦ 南ぬ浜町
⑧ 一名代
⑨ 細崎
⑩ 比謝矼
⑪ 大当
⑫ 西武門
⑬ 手登根
⑭ 奥武島
⑮ 後原
⑯ 保栄茂

① あがりやま	⑤ ぐすくべぼら	⑨ くばざき	⑬ てどこん
② じっちゃく	⑥ ちゅらさく	⑩ ひじゃばし	⑭ おうじま
③ いりじま	⑦ ぱいぬはまちょう	⑪ うふどう	⑮ こしはら
④ うどんしち	⑧ てんなす	⑫ にしんじょう	⑯ びん

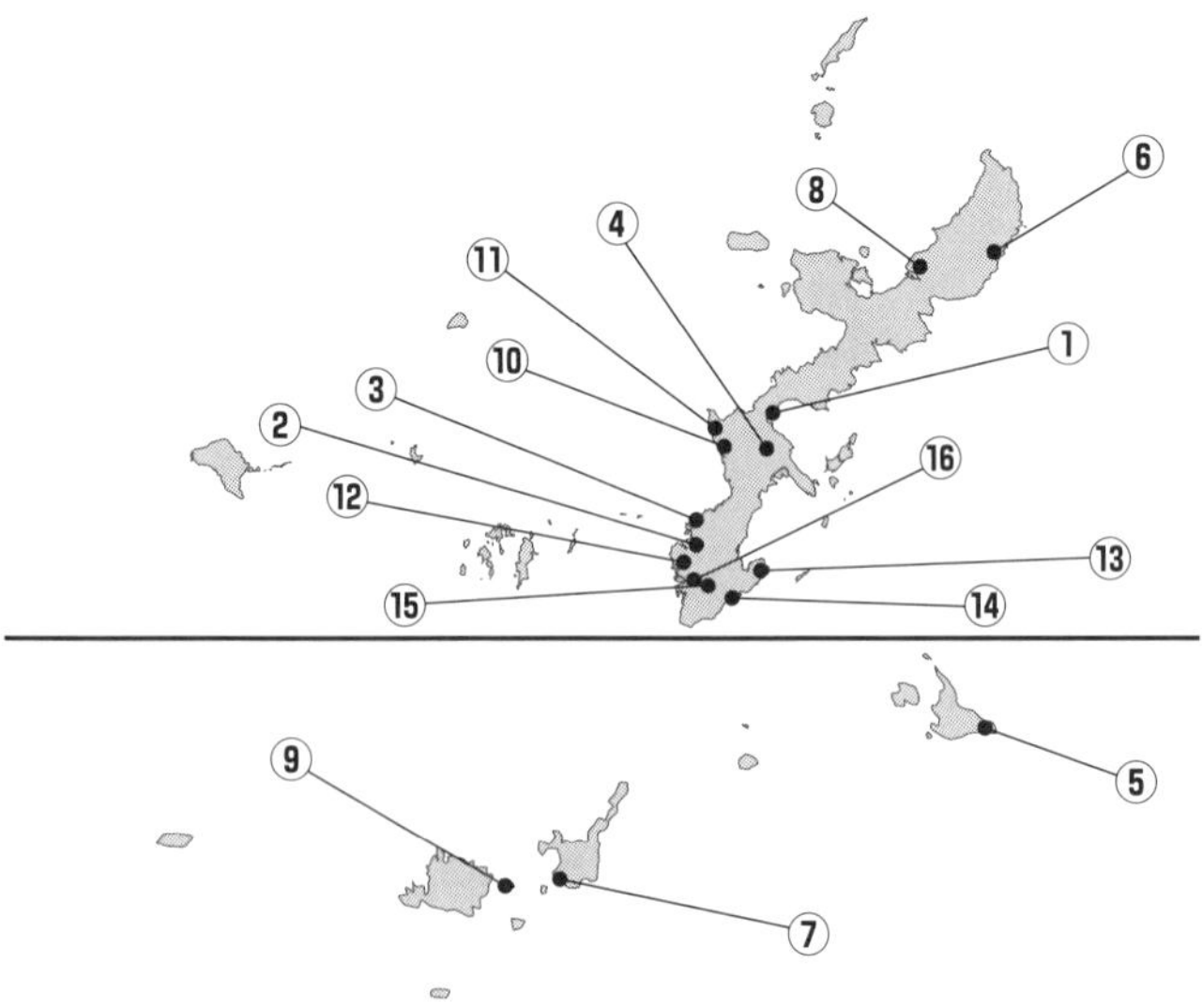

旧国名の漢字に挑戦！

難易度★★

問 現在でも地域を雅称するときなどによく使われる、旧国名の漢字です。

① 陸奥
② 常陸
③ 上野
④ 安房
⑤ 駿河
⑥ 遠江
⑦ 近江
⑧ 甲斐
⑨ 但馬
⑩ 播磨
⑪ 因幡
⑫ 豊後
⑬ 美作
⑭ 讃岐
⑮ 石見
⑯ 周防

① むつ（青森、岩手、宮城、福島）	⑤ するが（静岡）	⑨ たじま（兵庫）	⑬ みまさか（岡山）
② ひたち（茨城）	⑥ とおとうみ（静岡）	⑩ はりま（兵庫）	⑭ さぬき（香川）
③ こうずけ（群馬）	⑦ おうみ（滋賀）	⑪ いなば（鳥取）	⑮ いわみ（島根）
④ あわ（千葉）	⑧ かい（山梨）	⑫ ぶんご（大分）	⑯ すおう（山口）

旧国名は、現在でもさまざまな場所で見かけることがあります。

現在の群馬県の一部を指す「**上野**」は、古墳時代に群馬県と栃木県南部を毛野国（けぬのくに）と呼んだことがルーツです。群馬県のあたりを上毛野（かみつけぬ）、栃木県あたりの下毛野（しもつけぬ）と呼ぶようになり、それぞれ上野国（こうずけ）、下野国（しもつけ）となりました。

千葉県の「**安房**」は、阿波（あわ）国から移住した氏族がいたために「あわ」と呼ばれるようになったようです。

現在の滋賀県は「**近江**」と呼ばれていましたが、これは京都から見て近い湖、つまり琵琶湖を指した言葉です。逆に遠い湖は浜名湖とされ、湖のある静岡県西部は「**遠江**」という旧国名の由来になりました。

郡の名称の漢字に挑戦！

難易度
★★★

問　年々少なくなりつつある郡。奈良時代から続く言葉に難読漢字が多くありますが、近年新設された郡にも難読漢字があります。

① 京都郡	② 三養基郡	③ 飽海郡	④ 邑楽郡
⑤ 夷隅郡	⑥ 鳳珠郡	⑦ 丹生郡	⑧ 埴科郡
⑨ 揖斐郡	⑩ 額田郡	⑪ 員弁郡	⑫ 度会郡
⑬ 宝飯郡	⑭ 磯城郡	⑮ 三潴郡	⑯ 玖珂郡

① みやこぐん	⑤ いすみぐん	⑨ いびぐん	⑬ ほいぐん
② みやきぐん	⑥ ほうすぐん	⑩ ぬかたぐん	⑭ しきぐん
③ あくみぐん	⑦ にゅうぐん	⑪ いなべぐん	⑮ みずまぐん
④ おうらぐん	⑧ はしなぐん	⑫ わたらいぐん	⑯ くがぐん

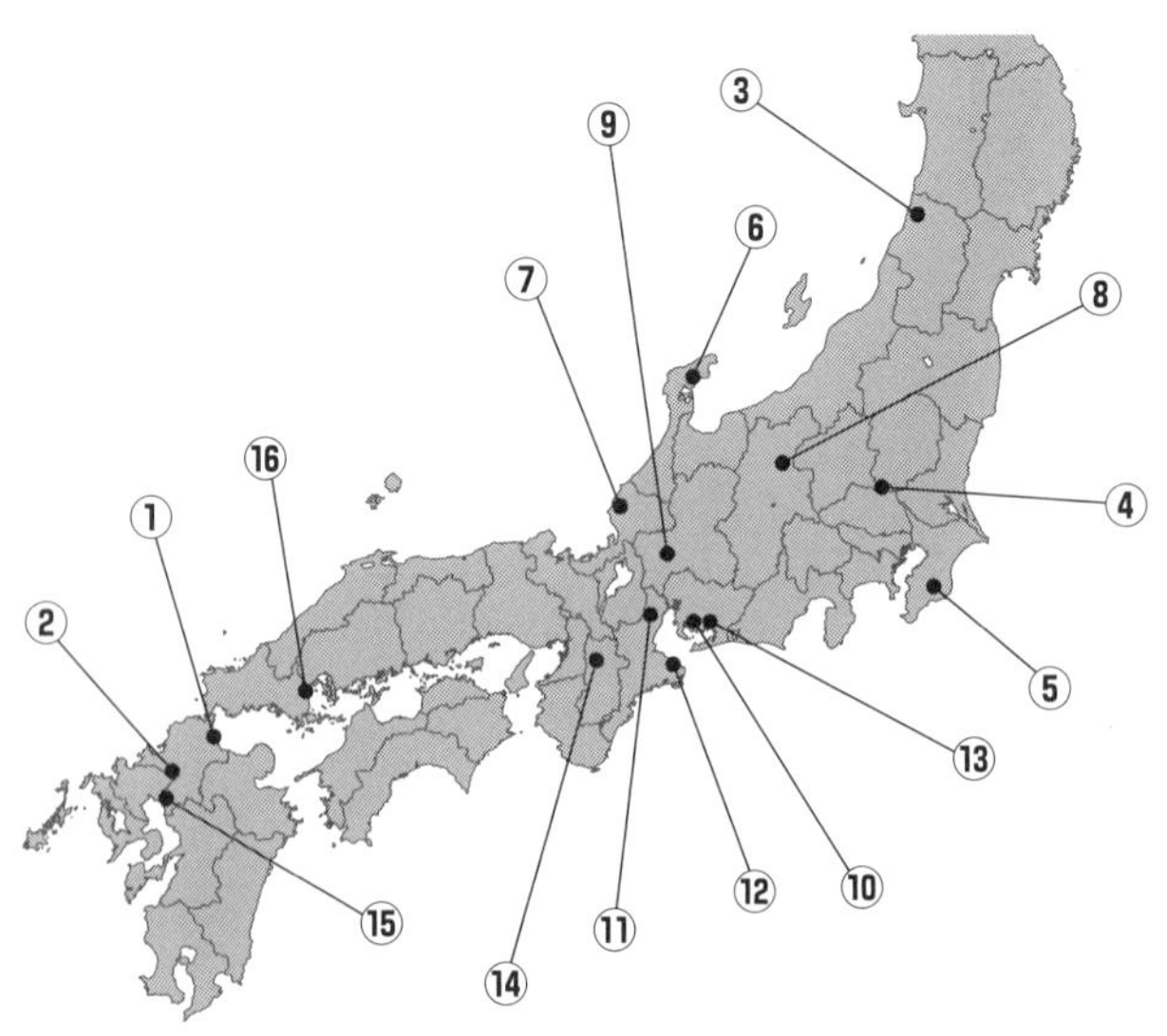

日本各地の山の漢字に挑戦！

難易度
★★★

問 日本には無数の山がありますが、なかには読みの難しい山名もたくさん存在しています。

① 信夫山
② 一尺八寸山
③ 岨巒堂山
④ 本富岳
⑤ 伯耆大山
⑥ 皇海山
⑦ 設計山
⑧ 月出山岳
⑨ 大根下山
⑩ 雲母峰
⑪ 後方羊蹄山
⑫ 万年山
⑬ 武尊山
⑭ 山毛欅潰山
⑮ 爺爺岳
⑯ 越百山

① しのぶやま	⑤ ほうきだいせん	⑨ だいこんおろしやま	⑬ ほたかやま
② みおうやま	⑥ すかいさん	⑩ きららみね	⑭ ぶなつぶれやま
③ しょらんどうやま	⑦ もっけやま	⑪ しりべしやま	⑮ ちゃちゃだけ
④ もっちょむだけ	⑧ かんとうだけ	⑫ はねやま	⑯ こすもやま

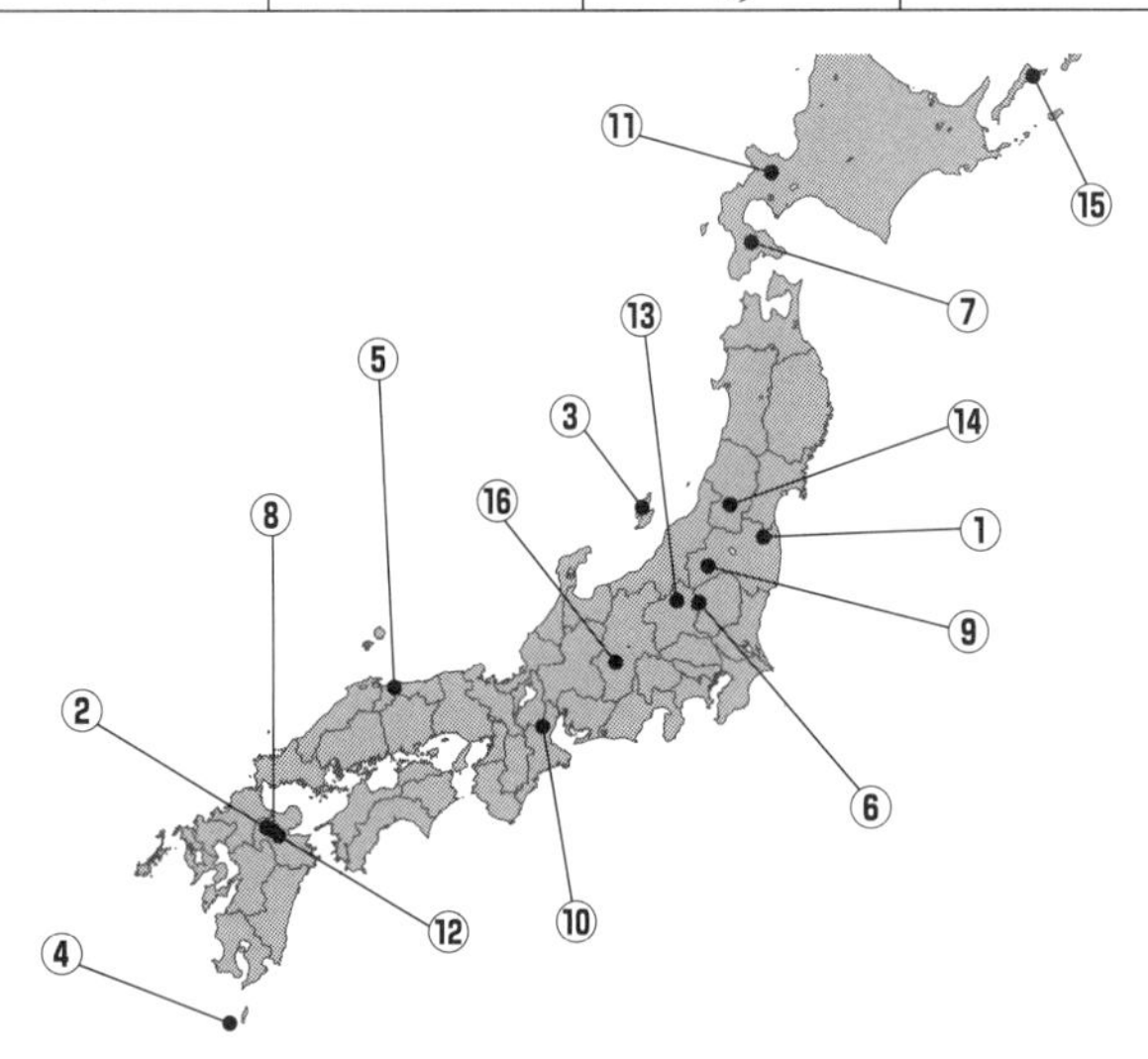

日本各地の川の漢字に挑戦！

難易度★★★

問　河川法の適用を受けている河川のなかから、とくに読みづらそうな漢字をピックアップ。

① 目比川	⑤ 馬主来川	⑨ 不老川	⑬ 夢前川
② 人首川	⑥ 濃昼川	⑩ 渚滑川	⑭ 新川川
③ 小童川	⑦ 蛇尾川	⑪ 三迫川	⑮ 指首野川
④ 渋前川	⑧ 巴波川	⑫ 鬮野川	⑯ 日橋川

① むくいがわ	⑤ ぱしくるがわ	⑨ としとらずがわ	⑬ ゆめさきがわ
② ひとかべがわ	⑥ ごきびるがわ	⑩ しょこつがわ	⑭ にっかわがわ
③ ひちがわ	⑦ さびがわ じゃびがわ	⑪ さんはざまがわ	⑮ さすのがわ
④ しぶくまがわ	⑧ うずまがわ	⑫ くじのがわ	⑯ にっぱしがわ

北海道の「**濃昼川**」の由来は、やはりアイヌ語にありそうです。山の陰(かげ)という意味をもつボキンビリに由来するという説や、滝壺に落ちた水しぶきが舞う意味をもつボキビルが由来という説などがあるようです。

栃木県の「**巴波川**」は、かつて頻繁に氾濫し、渦(うず)を巻き波を立てて流れることから名付けられたといわれます。この川は現在、堤防が完成したため、めったに氾濫することはないそうです。

「**不老川**」は毎年、雨が少ない旧正月ごろになると川が干上がるため、年の変わり目に姿を見せないことから、歳をとらない川といわれるようになりました。

仏様を祀る寺院の漢字に挑戦！

難易度
★★★

問

寺院の名称は、難しい仏教用語由来のものだけでなく、神仏習合の名残が由来のものもあります。

① 化野念仏寺
② 鹿苑寺
③ 毛越寺
④ 斑鳩寺
⑤ 鑁阿寺
⑥ 穴太寺
⑦ 愛宕念仏寺
⑧ 鰐淵寺
⑨ 伽耶院
⑩ 神呪寺
⑪ 那谷寺
⑫ 芬陀院
⑬ 葛井寺
⑭ 弘明寺
⑮ 勝尾寺
⑯ 吉田寺

① あだしのねんぶつじ（京都府）	② ろくおんじ（京都府）	③ もうつうじ（岩手県）	④ いかるがでら（奈良県）
⑤ ばんなじ（栃木県）	⑥ あなおじ（京都府）	⑦ おたぎねんぶつじ（京都府）	⑧ がくえんじ（島根）
⑨ がやいん（兵庫県）	⑩ かんのうじ（兵庫県）	⑪ なたでら（福井県）	⑫ ふんだいん（京都府）
⑬ ふじいでら（大阪府）	⑭ ぐみょうじ（神奈川県）	⑮ かつおうじ（大阪府）	⑯ きちでんじ（奈良県）

「毛越寺」は、慈覚大師（じかくたいし）である円仁（えんにん）が白鹿の毛に導かれて、薬師如来を祀ったという故事にちなんで、名付けられました。

栃木県の**「鑁阿寺」**の「鑁阿」は、真言密教の教えにもとづく言葉です。密教の両界曼荼羅（まんだら）において、金剛界の大日如来を「鑁（バン）」、胎蔵界（たいぞうかい）の大日如来を「阿（ア）」と呼び、その両界の大日如来を祀っていることから名付けられました。

大阪府の**「葛井寺」**は、市名の藤井寺の語源にもなっていますが、「葛」はつる性植物全般を指す漢字です。葛藤という言葉は、葛や藤のつるが複雑に絡まり合うようすからできた言葉です。

神様を祀る神社の漢字に挑戦！

難易度
★★★

問 いにしえの言葉や、神様の名前が残る神社の名称。それだけでなく、さまざまな由来の難読漢字も多くあります。

① 味鋺神社	⑤ 首途八幡宮	⑨ 庤神社	⑬ 家造祖神社
② 旦椋神社	⑥ 永尾剱神社	⑩ 意富比神社	⑭ 若一王子神社
③ 車折神社	⑦ 行過天満宮	⑪ 和布刈神社	⑮ 金持神社
④ 幸神社	⑧ 善知鳥神社	⑫ 坐摩神社	⑯ 門僕神社

① あじま じんじゃ（愛知県）	② あさくら じんじゃ（京都府）	③ くるまざき じんじゃ（京都府）	④ さいのかみの やしろ（京都府）
⑤ かどで はちまんぐう（京都府）	⑥ えいのおつる ぎじんじゃ（熊本県）	⑦ ゆきすぎ てんまんぐう（滋賀県）	⑧ うとう じんじゃ（青森県）
⑨ もうけ じんじゃ（千葉県）	⑩ おおひ じんじゃ（千葉県）	⑪ めかり じんじゃ（大分県）	⑫ いかすり じんじゃ（大阪府）
⑬ やづくりみ おやじんじゃ（大阪府）	⑭ にゃくいちお うじじんじゃ（長野県）	⑮ かもち じんじゃ（鳥取県）	⑯ かどふさ じんじゃ（奈良県）

京都府の「**首途八幡宮**」の「首途」は、しゅとども読みます。出発や旅立ちを意味する言葉です。「首」という漢字には、体の一部分としての意味だけでなく、はじめの、先頭の、といった意味もあり、初めて旅に出るという意味があるようです。

青森県の「**善知鳥神社**」の「善知鳥」は、もともと鳥の名前です。ウトウは北太平洋沿岸に生息する海鳥の一種で、日本でも北日本沿岸などでよく見られます。能にも善知鳥という演目があるほど、古くから知られている鳥です。

「**和布刈神社**」は小説、松本清張の作品にも登場する神社です。名前は、和布(わかめ)などを刈る、和布刈神事にちなみます。

国の名勝の漢字に挑戦！

難易度
★★

問 日本各地にあり観光地となっている名勝も数多くあります。見かけない漢字、読みづらい漢字が多くあります。

① 瀞八丁	⑤ 秋保大滝	⑨ 成巽閣庭園	⑬ 霞間ヶ渓
② 籬が島	⑥ 霊山	⑩ 蘇洞門	⑭ 乳岩峡
③ 種差海岸	⑦ 屏風ケ浦	⑪ 東尋坊	⑮ 居初氏庭園
④ 猊鼻渓	⑧ 六義園	⑫ 姨捨の棚田	⑯ 鬼の舌震

① どろはっちょう	⑤ あきうおおたき	⑨ せいそんかくていえん	⑬ かまがたに
② まがきがしま	⑥ りょうぜん	⑩ そとも	⑭ ちいわきょう
③ たねさしかいがん	⑦ びょうぶがうら	⑪ とうじんぼう	⑮ いそめしていえん
④ げいびけい	⑧ りくぎえん	⑫ おばすてのたなだ	⑯ おにのしたぶる

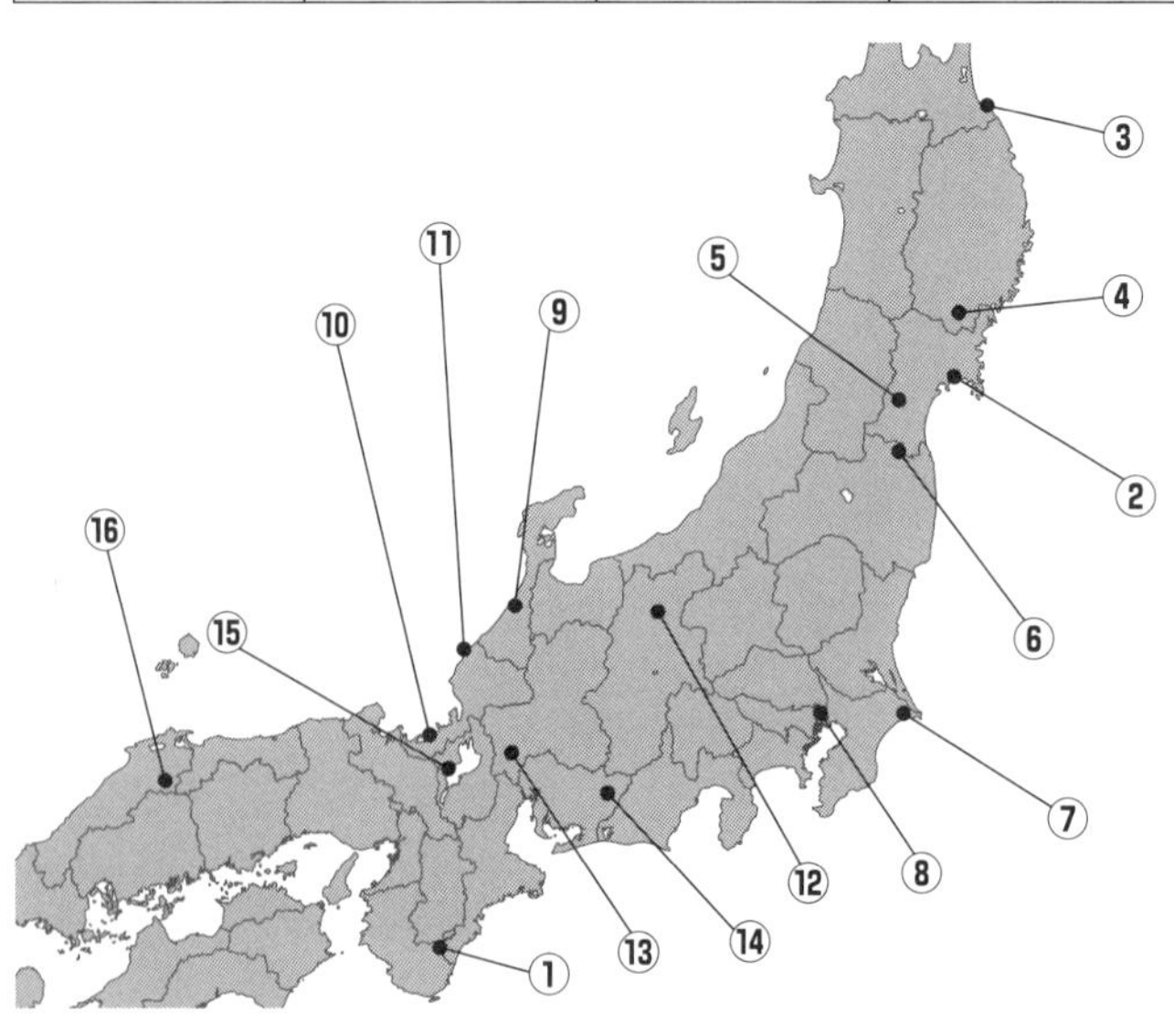

海外都市名の漢字に挑戦！

難易度 ★★

問 読めそうで読めない、海外の都市名。コツがわかれば、納得できる読み方があるかもしれません。

① 改羅	② 加拉巴	③ 雅典	④ 安特堤
⑤ 維納	⑥ 牛津	⑦ 加爾各答	⑧ 寿府
⑨ 士篤恒	⑩ 那波里	⑪ 海牙	⑫ 漢堡
⑬ 波都毛士	⑭ 盤谷	⑮ 君府	⑯ 爪哇

① カイロ	⑤ ウィーン	⑨ ストックホルム	⑬ ポーツマス
② ジャカルタ	⑥ オックスフォード	⑩ ナポリ	⑭ バンコク
③ アテネ	⑦ カルカッタ	⑪ ハーグ	⑮ イスタンブール
④ アムステルダム	⑧ ジュネーブ	⑫ ハンブルグ	⑯ ジャワ

「**改羅**」や「**寿府**」のように、音を当てただけの漢字のほかに、雄牛を意味するオックスと、浅瀬を意味するフォードを意訳した「**牛津**」のような、表記もあります。

「**加拉巴**」も、ジャカルタの古名であるクラパの音訳が元となっています。

「**漢堡**」も、「漢」は音訳ですが、ドイツ語で城塞を意味するブルグを、とりでの意味がある「堡」を使って書き表わしています。また、「**士篤恒**」や「**安特堤**」のように音を当てて長くなるのを省略する例もあります。

「**君府**」はイスタンブールの古名であるコンスタンティノープルを漢字で「君士坦丁堡」と書いたため、首府の「府」を付けて君府となりました。

＼もっと／

漢字力を高めるコラム②

部首

漢字検定やテレビ番組などでよく出題されるのが「部首」です。

漢字を分類するさいに用いられる漢字の一部であり、すべての漢字に部首があり、それぞれに読み方があります。氵（さんずい）や艹（くさかんむり）などメジャーな「部首」以外にもかなりたくさんあるようです。

部首同士が組み合わさってできる漢字などもあります。

「部首」を覚えておけば、読み方のわからない漢字が読めるようになったり、漢字の成り立ちについて知ることができるでしょう。

网 あみがしら	鹵 しお	韋 なめしがわ	酉 ひよみのとり
釆 のごめへん	禸 ぐうのあし	尢 だいのまげあし	夂 ふゆがしら
隹 ふるとり	襾 おおいかんむり	鬥 とうがまえ	巛 まげかわ

3 読めたらスゴイ！
人名漢字

難読名字に挑戦！

難易度
★★★

問 名字は地名をルーツにもつものが多くありますが、なかにはそういった由来をもたない名字もあります。

① 十
② 釜萢
③ 双畑
④ 寿松木
⑤ 悪戸
⑥ 清村
⑦ 左衛門三郎
⑧ 華表
⑨ 罌
⑩ 霊河
⑪ 粉間
⑫ 王来王家
⑬ 口分田
⑭ 栗花落
⑮ 福家
⑯ 圷

① もげき	⑤ あくと	⑨ もたい	⑬ くもで
② かまやち	⑥ しむら	⑩ よしかわ	⑭ つゆり
③ すごはた	⑦ さえもんざぶろう	⑪ うるま	⑮ ふけ
④ すずき	⑧ とりい	⑫ おくおか	⑯ あくつ

「十」は、十ではなく、縦棒がはねています。木という字の左右のはらいがもげていることが由来とされています。もぎきとも読みます。

華表（かひょう）は、中国の伝統建築に用いられる標柱ですが、鳥居のルーツだという説があり、名字の「**華表**」は、とりいと読みます。

「**釜萢**」は、かまやつとも読みますが、「萢（やち）」は青森県で使われる湿地を表わす漢字で、青森には萢のつく地名が多くあり、それが名字のルーツのようです。

「**悪戸**」の「悪」も、低湿地を表わすアクが由来です。

西日本では、低湿地をフケと呼ぶことが多く「**福家**」のほかに、浮気、深日、泓など、さまざまな当て字があります。

歴史上の人物の漢字に挑戦！

難易度
★★

問 古代から江戸時代までの歴史上の人物のうち、読みづらい人物をまとめました。読みは代表的なものを載せています。

① 比企能員
② 東漢駒
③ 角倉了以
④ 藤原薬子
⑤ 鳥居強右衛門
⑥ 阿弖流為
⑦ 橘逸勢
⑧ 稗田阿礼
⑨ 平田靱負
⑩ 犬上御田鍬
⑪ 大伴吹負
⑫ 楠葉西忍
⑬ 大仏朝直
⑭ 戸次鑑連
⑮ 謝名利山
⑯ 文室綿麻呂

① ひき よしかず（武将）	⑤ とりい すねえもん（足軽）	⑨ ひらたゆきえ（薩摩藩家老）	⑬ おさらぎ ともなお（武将）
② やまとの あやのこま（豪族）	⑥ あてるい（武将）	⑩ いぬがみの みたすき（官僚・外交官）	⑭ べっき あきつら（武将）
③ すみのくら りょうい（商人）	⑦ たちばなの はやなり（貴族）	⑪ おおともの ふけい（武将）	⑮ じゃなりざん（琉球国官僚）
④ ふじわらの くすこ（女官）	⑧ ひえだのあれ（古事記編纂者）	⑫ くずは さいにん（商人）	⑯ ふんやの わたまろ（公卿）

「鳥居強右衛門」は、命を顧みず援軍の到着を味方に知らせた逸話をもつ、戦国時代の足軽です。

「阿弖流為」は平安時代に東北地方で勢力を誇った蝦夷（えみし）の族長です。読み方は、あてりぃなど諸説あります。名前に「大墓公（たものきみ）」とつける場合もあります。

「稗田阿礼」は、奈良時代に『古事記』を編纂した一人として知られますが、生没年はもとより、男性か女性か、実在したのかさえも説が分かれます。

「楠葉西忍」は室町時代の僧で、商人でもあります。父親がインドからの渡来人だといわれています。

「戸次鑑連」は、戦国時代の武将で、立花（たちばな）道雪（どうせつ）の名前でも知られています。

明治維新の立役者の漢字に挑戦！

難易度★

問 幕末・維新期に活躍し、新しい日本をつくった人々の名前です。

① 小松帯刀	⑤ 井上毅	⑨ 福岡孝弟	⑬ 大木喬任
② 木戸孝允	⑥ 森有礼	⑩ 三島通庸	⑭ 伊達宗城
③ 樺山資紀	⑦ 前島密	⑪ 林董	⑮ 島津斉彬
④ 副島種臣	⑧ 谷干城	⑫ 西周	⑯ 三条実美

① こまつ たてわき	⑤ いのうえ こわし	⑨ ふくおか たかちか	⑬ おおきた かとう
② きど たかよし	⑥ もり ありのり	⑩ みしま みちつね	⑭ だて むねなり
③ かばやま すけのり	⑦ まえじま ひそか	⑪ はやし ただす	⑮ しまづ なりあきら
④ そえじま たねおみ	⑧ たに たてき	⑫ にし あまね	⑯ さんじょう さねとみ

幕末・維新期に活躍した立役者のなかにも、読みづらい漢字の人がいます。

「**前島密**」は、日本の郵便制度を整えました。現在の一円切手の肖像は前島密となっています。

土佐藩士である「**福岡孝弟**」は、五箇条の御誓文や政体書を起草した人物です。

「**西周**」は、儒学や蘭学に精通し、哲学・科学の分野で和製漢語（西洋の言葉を日本語に訳した語）を世に広めた人物です。

「**島津斉彬**」は、薩摩藩主で早くから西洋文化を取り入れて富国強兵につとめた人物です。藩政をにぎったさいには、製鉄やガス灯の整備など西洋的なインフラの整備を行ないました。

日本の文化を支えた人物の漢字に挑戦！

難易度★★

問 日本の歴史に登場する文化人を中心に、医師や発明家なども含めて難読と思われる人たちの名前です。

① 曲直瀬道三
② 役小角
③ 大伴坂上郎女
④ 朱楽菅江
⑤ 荷田春満
⑥ 源順
⑦ 小野篁
⑧ 壬生忠岑
⑨ 臥雲辰致
⑩ 菅原孝標女
⑪ 陸羯南
⑫ 鞍作止利
⑬ 塙保己一
⑭ 巨勢金岡
⑮ 箕作阮甫
⑯ 宇田川榕菴

⑬ はなわ ほきいち	⑨ がうんたっち	⑤ かだの あずままろ	① まなせ どうざん
⑭ こせの かなおか	⑩ すがわらの たかすえの むすめ	⑥ みなもとの したごう	② えんの おづぬ
⑮ みつくり げんぽ	⑪ くが かつなん	⑦ おのの たかむら	③ おおともさ かのうえの いらつめ
⑯ うだがわ ようあん	⑫ くらつくりの とり	⑧ みぶの ただみね	④ あけら かんこう

「**役小角**」は、修験道の開祖で、役行者（えんのぎょうじゃ）とも呼ばれます。

日本初の辞書ともいわれる『和名類聚抄（わみょうるいじゅしょう）』を編纂した「**源順**」の名前は、したごうと読みます。

百人一首では「参議篁（さんぎたかむら）」として有名なのが「**小野篁**」です。「篁」とは竹やぶのことです。

「**臥雲辰致**」は、もともと住職でしたが、廃仏毀釈で寺を失ったあと「ガラ紡」と呼ばれる紡績機を開発した人です。

「**菅原孝標女**」は『更級日記（さらしな）』の作者です。十歳から五十歳までの女性の半生を描いた作品となっています。

また「**宇田川榕菴**」は、酸素や細胞、法則などの科学用語を日本語に翻訳したことで知られる蘭学者です。

歴代総理大臣の漢字に挑戦！

難易度
★★

問 難しい読みの総理大臣をピックアップしました。いくつ読めるでしょうか。

① 山縣有朋	② 西園寺公望	③ 山本権兵衛	④ 原敬
⑤ 若槻禮次郎	⑥ 林銑十郎	⑦ 米内光政	⑧ 近衛文磨
⑨ 東久邇宮稔彦王	⑩ 幣原喜重郎	⑪ 芦田均	⑫ 石橋湛山
⑬ 大平正芳	⑭ 海部俊樹	⑮ 細川護煕	⑯ 羽田孜

① やまがた ありとも	② さいおんじ きんもち	③ やまもと ごんの ひょうえ	④ はら たかし
⑤ わかつき れいじろう	⑥ はやし せん じゅうろう	⑦ よない みつまさ	⑧ このえ ふみまろ
⑨ ひがしくにの みや なるひこおう	⑩ しではら きじゅうろう	⑪ あしだ ひとし	⑫ いしばし たんざん
⑬ おおひら まさよし	⑭ かいふ としき	⑮ ほそかわ もりひろ	⑯ はた つとむ

「**山縣有朋**」は、第三代・九代の内閣総理大臣を務めました。初代内務大臣を務めるなどして「元老中の元老」と呼ばれるほど日本の政界に大きな影響力を持ちました。

第十四代内閣総理大臣の「**西園寺公望**」は教育者でもあり、現在の立命館大学の創設者です。

「**山本権兵衛**」は、第十六代・二十二代の内閣総理大臣です。薩摩藩士を経て海軍軍人、海軍大臣、外務大臣を務めました。「権兵衛」はもともとごんべえと読まれていましたが、ごんのひょうえとしたようです。

日本の旧皇族である「**東久邇宮稔彦王**」は四十三代の内閣総理大臣です。ＧＨＱによる干渉に抵抗するため、歴代内閣在任最短期間となる五十四日で総辞職しました。

有名作家の漢字に挑戦！

難易度
★★

問 読めれば読書通、目にしたことがあるけれど、正確な読み方がわからない難読な作家名です。

① 乙一	② 我孫子武丸	③ 大佛次郎	④ 海野十三
⑤ 岩井三四二	⑥ 馳星周	⑦ 森博嗣	⑧ 帚木蓬生
⑨ 日明恩	⑩ 埴谷雄高	⑪ 大下宇陀児	⑫ 日日日
⑬ 冲方丁	⑭ 万城目学	⑮ 辻村深月	⑯ 銀色夏生

① おついち
② あびこ たけまる
③ おさらぎ じろう
④ うんの じゅうぞう
⑤ いわい みよじ
⑥ はせ せいしゅう
⑦ もり ひろし
⑧ ははきぎ ほうせい
⑨ たちもり めぐみ
⑩ はにや ゆたか
⑪ おおした うだる
⑫ あきら
⑬ うぶかた とう
⑭ まきめ まなぶ
⑮ つじむら みづき
⑯ ぎんいろ なつを

「**乙一**」は本格ミステリ大賞などを受賞した小説家で、映画監督も手がけています。『鞍馬天狗』シリーズなどで知られる「**大佛次郎**」は大衆文学作家ですが、歴史小説を中心にさまざまなジャンルの作品を発表しました。

「**岩井三四二**」は、松本清張賞など数々の賞を受賞した時代小説家です。

「**大下宇陀児**」は、昭和初期に活躍した探偵小説家で、江戸川乱歩と並ぶ人気作家でした。

「**辻村深月**」は『鍵のない夢を見る』で直木賞、『かがみの孤城』で本屋大賞を受賞した人気作家です。

「**銀色夏生**」は詩人、随筆家、写真家、作詞家と多方面で活躍しています。

俳諧師と俳人の漢字に挑戦！

難易度 ★★

問 俳句のもとになった俳諧、それらを詠んだ俳人・俳諧師の名前です。

① 松尾芭蕉	⑤ 尾崎放哉	⑨ 中村汀女	⑬ 安斎桜磈子
② 与謝蕪村	⑥ 河合曾良	⑩ 高浜虚子	⑭ 河東碧梧桐
③ 小林一茶	⑦ 中村草田男	⑪ 阿部青鞋	⑮ 田川飛旅子
④ 正岡子規	⑧ 種田山頭火	⑫ 飯田蛇笏	⑯ 荻原井泉水

① まつお ばしょう	⑤ おざき ほうさい	⑨ なかむら ていじょ	⑬ あんざい おうかいし
② よさ ぶそん	⑥ かわい そら	⑩ たかはま きょし	⑭ かわひがし へきごとう
③ こばやし いっさ	⑦ なかむら くさたお	⑪ あべ せいあい	⑮ たがわ ひりょし
④ まさおか しき	⑧ たねだ さんとうか	⑫ いいだ だこつ	⑯ おぎわら せいせんすい

江戸時代を代表する俳諧師が「**松尾芭蕉**」「**小林一茶**」「**与謝蕪村**」です。彼らの作った俳諧は後世にまで影響を与えています。「**河合曾良**」は松尾芭蕉の弟子で、『奥の細道』の旅にも同行していました。

明治時代に活躍したのが「**正岡子規**」です。晩年に結核にかかり、名を「子規」としました。シキとはホトトギスのことで、口のなかが赤いさまを喀血（かっけつ）する自分と重ねたようです。

「**高浜虚子**」「**河原碧梧桐**」は子規の弟子であり、優れた俳人として知られています。

季語を含まず、定型を崩した自由律俳句の俳人では「咳をしても一人」が有名な「**尾崎放哉**」、「まっすぐな道でさみしい」などの句を詠んだ「**種田山頭火**」が有名です。

大相撲力士の四股名に挑戦！

難易度
★★★

問 力士の四股名（しこな）は相撲部屋に入門したさいに決められます。

① 天空海翔馬	② 宇瑠寅太郎	③ 翔皇騎昇	④ 祥映斗宏務
⑤ 鳩弾力豆太郎	⑥ 丸勇高利	⑦ 碧天大市	⑧ 可愛嶽実男
⑨ 鷲羽山佳和	⑩ 男女ノ川登三	⑪ 京石松	⑫ 殿り源吉
⑬ ヱ 熊吉	⑭ 桟シ初五郎	⑮ 刃力誠将	⑯ 子音二一郎

① あくあしょうま
② うるとらたろう
③ しょうこうきのぼる
④ しょうえいとひろむ
⑤ はとだんりきまめたろう
⑥ まるゆうたかとし
⑦ あおぞらだいち
⑧ えのだけさねお
⑨ わしゅうざんよしかず
⑩ みなのがわとうぞう
⑪ かなどめいしまつ
⑫ しんがりげんきち
⑬ てごたえくまきち
⑭ かけはしはつごろう
⑮ ばりきしげのぶ
⑯ えとがしらおとじろう

「天空海翔馬」は当初、豊乃浪祐貴（とよのなみゆうき）と名乗っていましたが、出身地である茨城県大洗町の水族館の名前にちなんで、番付上昇の願いを込めた「天」と、大洗町を象徴する「空」と「海」の漢字を利用して改名したといわれています。

「宇瑠寅太郎」も、当初は櫻潮功道（おうしおこうどう）と名乗っていました。しかし、ウルトラマンタロウにちなみ、全力で土俵上を三分間動き回ってほしいとの意味を込めて宇瑠虎太郎に改名、その後、虎を寅に改めました。

「京石松」は、明治時代、大坂相撲で活躍した力士です。いろはかるたの最後の札が「京」であることから、京を「かなどめ」と読ませることがあるようです。実在の名字としても、熊本県に数軒存在しています。

三国志の登場人物の漢字に挑戦！

難易度
★★

問 『三国志演義』に出てくる武将たちの名前をピックアップしました。見慣れない漢字もあるようです。

① 司馬懿	⑤ 黄蓋	⑨ 孫権	⑬ 董卓
② 諸葛亮	⑥ 周瑜	⑩ 張魯	⑭ 陸遜
③ 賈詡	⑦ 荀彧	⑪ 貂蝉	⑮ 呂蒙
④ 夏侯惇	⑧ 曹操	⑫ 姜維	⑯ 劉備

① しばい	② しょかつりょう	③ かく	④ かこうとん
⑤ こうがい	⑥ しゅうゆ	⑦ じゅんいく	⑧ そうそう
⑨ そんけん	⑩ ちょうろ	⑪ ちょうせん	⑫ きょうい
⑬ とうたく	⑭ りくそん	⑮ りょもう	⑯ りゅうび

後漢末期に活躍した「**諸葛亮**」は隠れた主人公ともいわれる名高い軍師であり、彼の最大のライバルが仲達の名で知られる「**司馬懿**」です。

曹操に仕えた「**夏侯惇**」は、文武に通じた独眼の将軍です。

「**曹操**」は後漢末期の武将・政治家・詩人で、群雄を倒し、中原(ちゅうげん)を制した乱世の英雄として知られています。

「**陸遜**」は呉の「**孫権**」に仕えた武将で、関羽を討つなど、さまざまな戦いで活躍しました。

三国志を語る上で外せないのが関羽の主である「**劉備**」です。貧しい身から蜀の初代皇帝となりました。

外国の人物の漢字表記に挑戦！

難易度
★★★

問 日本語を使うなかで、海外の人物を漢字表記することはあまりありませんが、いくつか例があるようです。

①愛因斯坦	⑤該撒	⑨卓別麟	⑬狂公子
②亜爾吉墨都	⑥閣龍	⑩那破烈翁	⑭貝多芬
③安得仙	⑦沙翁	⑪牛頓	⑮馬可波羅
④愛迪生	⑧斯大林	⑫巴哈	⑯蒙娜麗莎

① アインシュタイン	② アルキメデス	③ アンデルセン	④ エジソン
⑤ カエサル	⑥ コロンブス	⑦ シェイクスピア	⑧ スターリン
⑨ チャップリン	⑩ ナポレオン	⑪ ニュートン	⑫ バッハ
⑬ ハムレット	⑭ ベートーベン	⑮ マルコポーロ	⑯ モナリザ

「**該撒**」は「該」をカイ、またはガイと読み、「撒」はサンと音読みすることがあるので、カエサルまたは個人名であるガイウスに漢字を当てたのでしょう。

「**沙翁**」の「翁」は、老人男性の尊称です。シェイクスピアの漢字表記、沙比阿の「沙」と、尊称の翁をくっつけ、親しみを込めて沙翁（さおう）ということがあったようです。

「**狂公子**」は、明治時代などにハムレットのことをこのように表記した例がいくつかあります。「公子」は、貴族の子弟を指す言葉で、ハムレットが、デンマークの王子であることの意訳でしょう。

ドイツの作曲家ベートーベンは「**貝多芬**」と表記されます。

＼もっと／

漢字力を高めるコラム③

同音異義語

同じ読みで意味が違う言葉を「同音異義語」といいます。

「公正・校正」「保健・保険」などのように一部漢字が同じものもあれば「試験・私権」などのようにまったく違う漢字で同じ読み方のものや、「私立」を「わたくしりつ」と読むように、読み方に変化をつけて混同しないよう、工夫されている場合もあります。

「同音異義語」のなかで一番多いのは「こうしょう」で、48種類あるといわれています。以下に紹介した12種類の漢字以外の36種類を書き出してみるのもおもしろいかもしれません。

交渉	公称	考証	興正
高尚	工商	行省	高小
校章	哄笑	後章	公相

4 教養として読みたい漢字

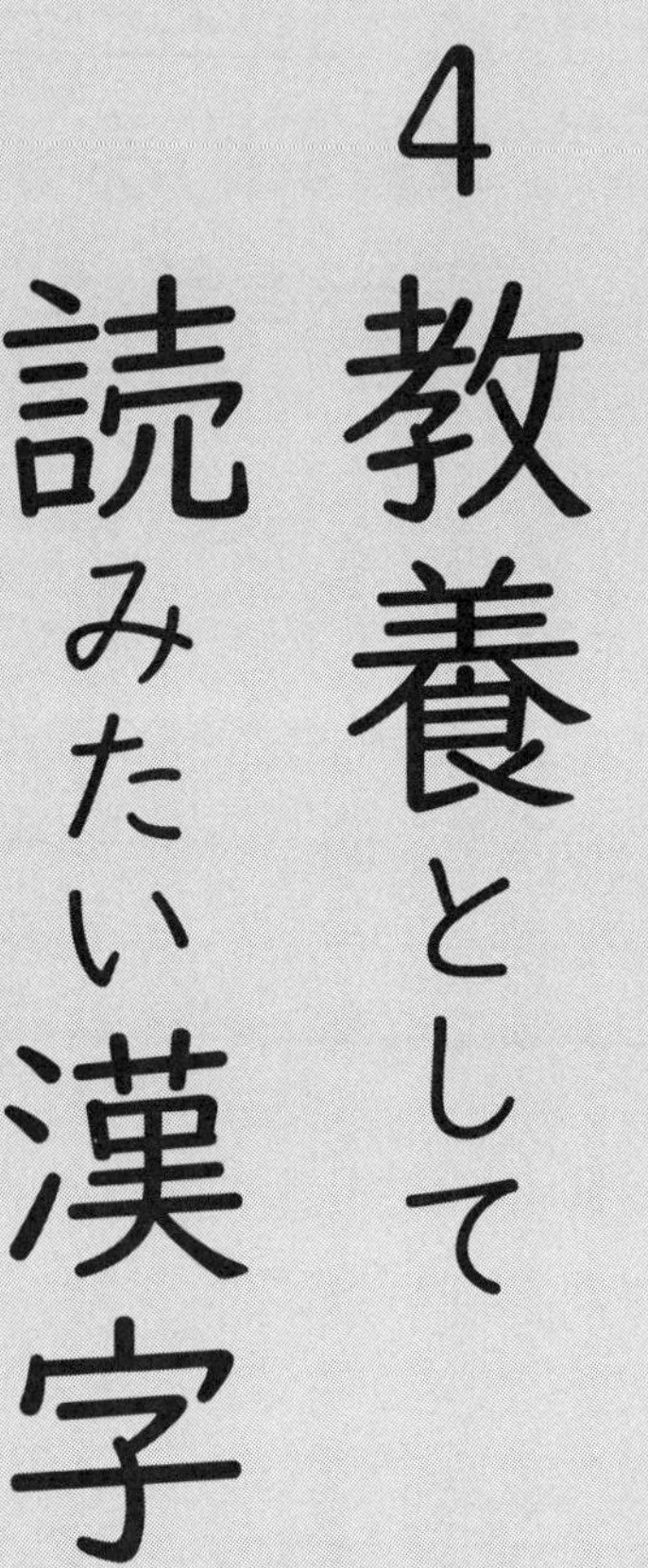

動詞の漢字に挑戦！

難易度★★★

問 知っているのに読めない動詞の難読漢字には、日常的に使っているのに、漢字にすると読めないものもたくさんあります。

① 粧し込む	⑤ 戦ぐ	⑨ 誑かす	⑬ 慢ずる
② 鏤める	⑥ 寛ぐ	⑩ 気触れる	⑭ 擤む
③ 噎せる	⑦ 窶れる	⑪ 繙く	⑮ 戦慄く
④ 嗾ける	⑧ 捏ち上げる	⑫ 迸る	⑯ 躊躇う

① めかしこむ	② ちりばめる	③ むせる	④ けしかける
⑤ そよぐ	⑥ くつろぐ	⑦ やつれる	⑧ でっちあげる
⑨ たぶらかす	⑩ かぶれる	⑪ ひもとく	⑫ ほとばしる
⑬ まんずる	⑭ かむ	⑮ わななく	⑯ ためらう

化粧の粧を用いた「**粧し込む**」は、入念におしゃれをするという意味になります。

「**鏤める**」は「散りばめる」とも書きます。

「**噎せる**」は咽頭（いんとう）の「咽」を使い、咽（む）せるとも書きます。

寛大の「**寛**」を用いてくつろぐと読みます。ゆるめるという意味もあります。

「**捏ち上げる**」は捏造（ねつぞう）の「捏」を用いています。

「**繙く**」は「紐解」くとも書き、書物を読む、真実を明らかにするという意味があり、歴史を繙くのように使用します。

「**擤む**」は「鼻を擤む」のように使い、「**戦慄く**」には、緊張や寒さなどのために体が震えるという意味があります。

「躊躇（ちゅうちょ）」という漢字を使用して「**躊躇う**」と読みます。

副詞の漢字に挑戦！

難易度★★

問　ふだん平仮名で書くことが多い「副詞」には、漢字にするとかなり読みにくいものがあります。

① 徐に	② 剰え	③ 確り	④ 一入
⑤ 寧ろ	⑥ 漸く	⑦ 可惜	⑧ 態と
⑨ 畢竟	⑩ 強ち	⑪ 強か	⑫ 具に
⑬ 歴と	⑭ 幾許	⑮ 然許り	⑯ 頗る

①	②	③	④
おもむろに	あまつさえ	しっかり	ひとしお
⑤	⑥	⑦	⑧
むしろ	ようやく	あたら	わざと
⑨	⑩	⑪	⑫
ひっきょう	あながち	したたか	つぶさに
⑬	⑭	⑮	⑯
れっきと	いくばく	さばかり	すこぶる

「**剰え**」は、「こともあろうに」という意味で使われます。

「**可惜**」は「残念なこと」、「**畢竟**」は名詞では「究極」、副詞としては、「結局」という意味です。

「**強ち**」は、「必ずしも」という意味のほか、「決して」という意味もあり、「**強か**」は程度がはなはだしいようすをいいます。

「**具に**」には「詳細に」、「もれなく」という意味が、「**幾許**」は幾何とも書き、程度がいくらもないことを表わします。

「**然許り**」には「それほど」という意味のほかに「あんなに」という意味もあります。

「**頗る**」は「非常に」という意味で、「頗る愉快だ」のように使います。

ことわざ・慣用句の漢字に挑戦！

難易度
★★

問 「ことわざ・慣用句」を学び、先人達の教えに触れてみましょう。

① 秋茄子は嫁に食わすな

② 揚げ足を取る

③ 揚句の果て

④ 浅瀬に仇波

⑤ 去就に迷う

⑥ 浩然の気

⑦ 蝙蝠も鳥のうち

⑧ 修身斉家治国平天下

⑨ 重箱で味噌を擂る

⑩ 寇に兵を藉し盗に糧を齎す

⑪ 痘痕も靨

⑫ 雨に沐い風に櫛る

⑬ 屋烏の愛

⑭ 画竜点睛

⑮ 疑心暗鬼を生ず

⑯ 木乃伊取りが木乃伊になる

① あきなすはよめにくわすな
② あげあしをとる
③ あげくのはて
④ あさせにあだなみ
⑤ きょしゅうにまよう
⑥ こうぜんのき
⑦ こうもりもとりのうち
⑧ しゅうしんせいかちこくへいてんか
⑨ じゅうばこでみそをする
⑩ あだにへいをかしとうにかてをもたらす
⑪ あばたもえくぼ
⑫ あめにかみあらいかぜにくしけずる
⑬ おくうのあい
⑭ がりょうてんせい
⑮ ぎしんあんきをしょうず
⑯ みいらとりがみいらになる

「**秋茄子は嫁に食わすな**」は、秋茄子を嫁に食わせるのはもったいないという意味と、秋茄子は種子がないので子宝に恵まれなくなるという意味があるとされています。

「**修身斉家治国平天下**」は、天下を治めるにはまず自分の行ないを正しくし、次に家庭を整え、次に国家を治めてから天下を平和にすべきであるという意味です。

「**重箱で味噌を擂る**」は、細かいことにこだわらず、大目に見ることをいいます。

「**屋烏の愛**」は、人を「愛」すると、「屋根」にいる「烏(カラス)」にまで愛がおよぶという、愛情の深いことのたとえです。

「**疑心暗鬼を生ず**」とは、疑いの心をもって見ると、何でもないことでも疑わしく見えてくるというたとえです。

図形や記号に見える漢字に挑戦！

難易度
★★

問 まるで図形や記号のように見えますが、じつは漢字です。

① 凹	② 凸	③ 卍	④ 个
⑤ 〆	⑥ 乂	⑦ 兕	⑧ 丫
⑨ 丱	⑩ 廿	⑪ 卅	⑫ 幵
⑬ 卌	⑭ 仝	⑮ 〇	⑯ 巛

①	②	③	④
おう	とつ	まんじ	か
⑤ しめ	⑥ ・がい ・おさめる	⑦ まじない	⑧ あげまき
⑨ あげまき	⑩ にじゅう	⑪ ・そう ・みそ	⑫ けん
⑬ ・よんじゅう ・しゅう	⑭ どう	⑮ れい	⑯ せん

図形や記号に見える漢字のなかでも比較的知られている「凹」「凸」を「凸凹」と並べると「でこぼこ」、「凹凸」と逆にすると「おうとつ」と読みます。

また常用漢字ではありませんが、読み方や意味が同じで漢字の形が違う異体字には、「个」「咒」「巛」などがあります。

「卍」はヒンドゥー教や仏教の用語に由来し、吉祥（きっちょう）を表わすれっきとした漢字です。

矢印のような「个」は「箇」を簡略化し、おもに中国で用いられます。日本では「个」を略した「ケ」が使われています。

記号にもある「〇」は漢数字の「れい」で、封書の口を閉めるという意味の「〆」も漢字です。

一字だけど難読な漢字に挑戦！

難易度
★★

問 普段見かける一字と見かけない一字、いくつ読めるでしょうか。

① 抑
② 熟
③ 嘸
④ 殆
⑤ 鼾
⑥ 嗽
⑦ 拇
⑧ 漣
⑨ 颱
⑩ 嚔
⑪ 鋸
⑫ 嘴
⑬ 彝
⑭ 俎
⑮ 涎
⑯ 踝

①	②	③	④
そもそも	つくづく	さぞ	ほとほと
⑤	⑥	⑦	⑧
いびき	・うがい ・せき	おやゆび	さざなみ
⑨	⑩	⑪	⑫
たいふう	・くしゃみ ・くさめ	・のこぎり ・のこ	・くちばし ・はし
⑬	⑭	⑮	⑯
あさがお	まないた	よだれ	くるぶし

「**熟**」は思いにふけるようす、「**殆**」は困り果てた、またはうんざりした気持ちを表わす漢字です。

「**鼾**」「**嚔**」「**涎**」などは、身体機能に関係する漢字で、ほかにも「涙・汗・噦（しゃっくり）」などがあります。いびきをかいて眠ることを「鼾睡（かんすい）」といいます。

「**拇**」は、「ぼ」とも読み、拇印（ぼいん）は拇（おやゆび）に朱肉をつけて印の代わりに押すことで、爪印（つめいん）ともいいます。

「**颱**」は、台風の文字を組み合わせてできています。

「**踝**」のほか、「頭・靨（えくぼ）・肘（ひじ）・腿（もも）」など、身体の一部は一字の漢字でよく表わします。

二字熟語に挑戦！

難易度★★★

問 テレビや新聞、さまざまな場面で目にする二字熟語。種類も多く、意外にも難しい漢字がありそうです。

① 敷衍	② 揶揄	③ 更迭	④ 国璽
⑤ 借款	⑥ 瓦解	⑦ 門扉	⑧ 趺坐
⑨ 盈虧	⑩ 狼狽	⑪ 脆弱	⑫ 投擲
⑬ 彷徨	⑭ 俯瞰	⑮ 邂逅	⑯ 霹靂

① ふえん	⑤ しゃっかん	⑨ えいき	⑬ ほうこう
② やゆ	⑥ がかい	⑩ ろうばい	⑭ ふかん
③ こうてつ	⑦ もんぴ	⑪ ぜいじゃく	⑮ かいこう
④ こくじ	⑧ ふざ	⑫ とうてき	⑯ へきれき

漢字をよく見ないと間違えてしまいそうな「**更迭**」は役職を入れ替えることを指します。

「**瓦解**」は「瓦が解かれる」と書き、一部が崩れると全体に影響をおよぼす、バラバラと音をたてて崩れるという意味があります。

「**狼狽**」の「狼」「狽」はどちらもオオカミのことです。「狽」は前脚の短いオオカミのことで単体では歩けないため、この字が当てられました。

また、「狽」の字は狼狽以外に日本では言葉がない点も由来と合わせて面白いポイントです。

「**邂逅**」は、偶然めぐりあうことを意味しています。文章でのみ使われる文語表現なので会話としては使用されません。

四字熟語に挑戦！

難易度★★★

問 読みこなせれば、ボキャブラリーが豊富になること間違いないです。

① 侃侃諤諤
② 喧喧囂囂
③ 慇懃無礼
④ 乾坤一擲
⑤ 跳梁跋扈
⑥ 毀誉褒貶
⑦ 左見右見
⑧ 合従連衡
⑨ 魚目燕石
⑩ 切歯扼腕
⑪ 已己巳己
⑫ 尸位素餐
⑬ 為虎添翼
⑭ 水清無魚
⑮ 日進月歩
⑯ 百様玲瓏

① かんかん がくがく	② けんけん ごうごう	③ いんぎん ぶれい	④ けんこん いってき
⑤ ちょうりょう ばっこ	⑥ きよほうへん	⑦ とみこうみ	⑧ がっしょう れんこう
⑨ ぎょくもく えんせき	⑩ せっし やくわん	⑪ いこみき	⑫ しいそさん
⑬ いこてんよく	⑭ すいせい むぎょ	⑮ にっしん げっぽ	⑯ ひゃくよう れいろう

「侃侃諤諤」と**「喧喧囂囂」**は文字が重なり響きも似ているので、混同して「喧喧諤諤」と誤用されています。ただし、広辞苑には載っており、誤用ながら言葉として成立しているといえます。

「左見右見」の「左」「右」は「そのように」「このように」を意味する当て字です。

「魚目燕石」は、本物そっくりのにせもの、**「巳己巳己」**はどの字も似ていることから、互いに似ているものをたとえています。

「為虎添翼」は、力のあるものがさらに勢いをつけるという意味です。虎に翼がつけば、間違いなく地上最強でしょう。

「百様玲瓏」は、美しさにもさまざまな種類があるという意味です。

画数の多い漢字に挑戦！

難易度★★★

問 読むのも書くのも難しい漢字ばかりですが、よく見ると見覚えのある字が含まれているはずです。

① 髑
② 躪る
③ 黷
④ 驫
⑤ 驤
⑥ 鑾
⑦ 顳
⑧ 鑼
⑨ 钁
⑩ 麤い
⑪ 鸚
⑫ 鑿つ
⑬ 攣る
⑭ 欟
⑮ 鬱
⑯ 爨

① しゃれこうべ	② ふみにじる	③ とく	④ ひょう
⑤ じょう	⑥ すず	⑦ しょう じょう	⑧ どら
⑨ くわ	⑩ あらい	⑪ おう	⑫ うがつ
⑬ ひきつる	⑭ つき	⑮ うつ	⑯ かまど

画数の多い字は部首も難しいため、難読漢字といえるでしょう。

「鹿」を3つ重ねた「麤(そ)」は33画で、きめがあらい、そまつ、玄米といった意味です。「馬」を3つ重ねた「驫」は30画で、馬がおどりあがるように走るさまを示しています。青森県には驫木(とどろき)という地名と駅があります。

「鑾」は、らんとも読みます。読み方が同じ「鸞」は29画で、浄土真宗の開祖である親鸞の名で見たことがあるかもしれません。

「鬱」は憂鬱(ゆううつ)、「爨」は飯盒炊爨(はんごうすいさん)、「攣(れん)」は痙攣(けいれん)、人のまねをする鳥という意味の「鸚」は、「鸚鵡(おうむ)」という漢字に使われています。

画数の少ない漢字に挑戦！

難易度
★★★

問 画数が少ない漢字は一見、簡単に読めそうですが、意外と難しかったり知らなかったりします。

①	②	③	④
爻わる	孑孓	彳亍	ムる

⑤	⑥	⑦	⑧
亢る	丐う	卜う	从う

⑨	⑩	⑪	⑫
仆れる	乃ち	匕	中る

⑬	⑭	⑮	⑯
与る	亡げる	于いて	毋れ

① まじわる	⑤ たかぶる	⑨ たおれる	⑬ あずかる
② ぼうふら	⑥ こう	⑩ すなわち	⑭ にげる
③ てきちょく	⑦ うらなう	⑪ さじ	⑮ おいて
④ ござる	⑧ したがう	⑫ あたる	⑯ なかれ

「孑孒」は蚊の幼虫、ぼうふらのことで、「孑孑（けつけつ）」とも書く場合があります。どの字も「子」とは別の漢字です。

「彳亍」は、少し歩いては止まるようすを表わす熟語です。

また、「彳」は左足、「亍」は右足を表わしているといわれています。

「厶る」は、御座（ござ）るとも書きますが、昔はこのように書く場合もあったようです。

「卜」は、カタカナの「ト」にそっくりですが、占と同じ意味の字です。

「中る」は、「当たる」とまったく同じ意味です。的中、百発百中などで使われていることが多くあります。

同じ漢字を重ねる畳語に挑戦!

難易度
★★★

問 畳語(じょうご)を知っておけば、漢字の知識がワンランクアップ!

① 愈々	⑤ 偶々	⑨ 畝々	⑬ 節々
② 云々	⑥ 爽々	⑩ 熟々	⑭ 仄々
③ 予々	⑦ 沁々	⑪ 嫡々	⑮ 禍々しい
④ 津々	⑧ 繁々	⑫ 遥々	⑯ 区々

① いよいよ	⑤ たまたま	⑨ うねうね	⑬ ふしぶし
② うんぬん	⑥ さばさば	⑩ つくづく	⑭ ほのぼの
③ かねがね	⑦ しみじみ	⑪ ちゃきちゃき	⑮ まがまがしい
④ しんしん	⑧ しげしげ	⑫ はるばる	⑯ まちまち

畳むという言葉には、折り返して重ねるという意味があります。

畳語とは同じ語や単語の漢字を重ねる言葉のことです。意味を強める、「人々」のように複数の名称を示す、動作などのくり返しや反復です。

同じ漢字をくり返すときは「々」を使いますが、もともと漢字ではないため、読みはありません。ただし便宜上、「同の字」「ノマ」といった呼び方が使われます。パソコンやスマートフォンでは「どう」で変換すると表示されます。

ちなみに「**云々**」は、伝聞や引用を示すときに用いられます。

オノマトペの漢字に挑戦！

難易度
★★★

問 自然界の音・声・物ごとの状態や動きなどを音で表わした「オノマトペ」には、漢語由来のものも多くあります。

① 霏霏	② 羃羃	③ 飄飄	④ 燦燦
⑤ 沸沸	⑥ 狺狺	⑦ 兀兀	⑧ 諤諤
⑨ 忽忽	⑩ 畳畳	⑪ 藹藹	⑫ 寸寸
⑬ 恢恢	⑭ 密密	⑮ 嘖嘖	⑯ 依依恋恋

①	②	③	④
ひひ	べきべき	ひょうひょう	さんさん
⑤	⑥	⑦	⑧
ふつふつ	ぎんぎん	こつこつ	がくがく
⑨	⑩	⑪	⑫
こつこつ	じょうじょう	あいあい	・すんずん ・ずたずた
⑬	⑭	⑮	⑯
かいかい	ひそひそ	さくさく	いいれんれん

オノマトペは擬音語、擬態語などといわれます。

「**霏霏**」は雨や雪などがしきりに降るさまを、「**冪冪**」は雲や塵（ちり）などが物を覆うさまを表わします。

「**狺狺**」はイヌの吠えるさまで、きんきんと読むこともあります。「**兀兀**」は物事に専念するさまで、「矻矻（こつこつ）」とも書きます。

穏やかで物腰の柔らかなさまを「**藹藹**」といい、「和気藹藹」のように使います。

「**恢恢**」は広大なさま、「**嘖嘖**」は口々に、盛んにほめたたえることです。

「**依依恋恋**」は恋い慕うの「依依」に、思い切れずに執着するさまの「恋恋」がついた漢字です。

品字様に挑戦！

難易度
★★★

問　品字様（ひんじよう）とは同じ漢字を3つ組み合わせて構成される漢字で、2つの組み合わせは理義字（りぎじ）といいます。

① 姦しい	② 聶く	③ 惢う	④ 㐂ぶ
⑤ 犇く	⑥ 淼い	⑦ 毳々しい	⑧ 众い
⑨ 猋る	⑩ 羴い	⑪ 麤い	⑫ 矗える
⑬ 鱻しい	⑭ 叒う	⑮ 歮い	⑯ 贔る

① かしましい	⑤ ひしめく	⑨ はしる	⑬ あたらしい
② ささやく	⑥ ひろい	⑩ なまぐさい	⑭ したがう
③ うたがう	⑦ けばけばしい	⑪ あらい	⑮ しぶい
④ よろこぶ	⑧ おおい	⑫ そびえる	⑯ いかる

やかましい、騒々しいなどの意味を表わす「**姦しい**」は字の通り、女性が三人集まれば、というようすが由来のようです。

いかにも毛が多そうな「**毳々しい**」は毳(うぶ)毛(げ)などで多く使われます。毳毛は漢字の見た目に反して、産毛(うぶげ)という意味になります。

魚が三つ集まった「**鱻しい**」はあたらしいと読んで少ないという意味をもち、「魚が三匹いるのにすくない」と覚えるとよいでしょう。

「**歮い**」は、字から予想して読むことができたかもしれません。

「**贔る**」の字は「贔屓(ひいき)」と書くとなじみがあるかもしれません。

人を評価する漢字に挑戦！

難易度
★★

問 他人について評価する言葉のあれこれを知って、失礼な言葉の使い方にならないよう注意しましょう。

① 華奢	② 鷹揚	③ 執拗い	④ 急勝
⑤ 御老成	⑥ 図法螺	⑦ 素寒貧	⑧ 不束者
⑨ 碌でなし	⑩ 鈍間	⑪ 盆暗	⑫ 埴猪口
⑬ 惚茄子	⑭ 性悪	⑮ 屁放腰	⑯ 没分暁漢

① きゃしゃ	② おうよう	③ しつこい	④ せっかち
⑤ おませ	⑥ ずぼら	⑦ すかんぴん	⑧ ふつつかもの
⑨ ろくでなし	⑩ のろま	⑪ ぼんくら	⑫ へなちょこ
⑬ ぼけなす	⑭ しょうわる	⑮ へっぴりごし	⑯ わからずや

「華奢」「急勝」「御老成」「図法螺」などは日常会話などでよく使うにもかかわらず、漢字で表わしたことのない人が多いのではないでしょうか。

「素寒貧」以降はけなし言葉で、ののしったりあざけったりするときに用いられる悪口で、他人を評価する言葉としては品位に欠けます。

「没分暁漢」は訓読みでは「分暁(ぶんぎょう)すること没(な)き漢(かん)」ぼつぶんぎょうかんと読みます。「没」は無、「分暁」は物の道理、「漢」は男を意味する四字熟語で、物の道理がない人物、つまりわからずやを意味しています。

人物を形容する漢字に挑戦！

難易度★★

問 男性や女性を形容して、その人物のイメージがわきやすくなる漢字が使われています。

① 明眸皓歯
② 醜女
③ 女丈夫
④ 阿婆擦れ
⑤ 詠雪之才
⑥ 姐御
⑦ 嬶
⑧ 御侠
⑨ 御転婆
⑩ 才媛
⑪ 偉丈夫
⑫ 益荒男
⑬ 眉目秀麗
⑭ 好色漢
⑮ 無頼漢
⑯ 麒麟児

① めいぼうこうし	⑤ えいせつのさい	⑨ おてんば	⑬ びもくしゅうれい
② しこめ	⑥ あねご	⑩ さいえん	⑭ こうしょくかん
③ じょじょうふ	⑦ かか	⑪ いじょうぶ	⑮ ぶらいかん
④ あばずれ	⑧ おきゃん	⑫ ますらお	⑯ きりんじ

「**明眸皓歯**」から「**才媛**」は女性、「**偉丈夫**」から「**麒麟児**」は男性を形容します。

「**益荒男**」は雄々しい男性を表わす語です。ますらたけおとも読み、男性にのみ用いられます。

「**女丈夫**」、「**偉丈夫**」に共通する丈夫という言葉は、身長が一丈の男性を指します。古代中国・周の制度の一丈は約2m（170cmという説も）なので、立派な体格とされました。女丈夫はしっかりした女性、偉丈夫は体格が立派で優れた男性を示しています。

「**醜女**」「**阿婆擦れ**」「**好色漢**」「**無頼漢**」はよい意味ではないので、使う場合はTPOを考えなければなりません。

女性にまつわる漢字に挑戦！

難易度
★

問 「大和撫子」から「女傑」まで、時代を彩る女性たちが歴史を動かしてきました。いくつ知っているでしょうか。

① 太夫

② 女将

③ 海女

④ 女傑

⑤ 初心

⑥ 細君

⑦ 寡婦

⑧ 手弱女

⑨ 大和撫子

⑩ 舞妓

⑪ 花魁

⑫ 人面桃花

⑬ 一顧傾城

⑭ 鉄漿

⑮ 貞女

⑯ 御内儀

① たゆう	⑤ うぶ	⑨ やまと なでしこ	⑬ いっこ けいせい
② おかみ	⑥ さいくん	⑩ まいこ	⑭ おはぐろ
③ あま	⑦ かふ	⑪ おいらん	⑮ ていじょ
④ じょけつ	⑧ たおやめ	⑫ じんめん とうか	⑯ おないぎ

一瞬読み方を迷ってしまう「**太夫**」は最上位の芸子や遊女の称号です。

「**女傑**」とは知勇に優れた男まさりの女性を指す言葉です。

「**寡婦**」は未亡人、「**手弱女**」はたおやかな女性のことをいいます。

「**人面桃花**」は美人の顔と桃の花を指しています。美しい女性と会った場所に再び行っても、その女性とは会えない、恋慕う女性に会えない場合に使われます。

「**一顧傾城**」の一顧は、一度ちらりと振り返ることで、傾城は城が傾くこと。美女が流し目をおくるだけで、君主まで夢中になって我を忘れ、国が滅んでしまうという意味から、絶世の美女を表わす四字熟語です。

神話に登場する神々の漢字に挑戦！

難易度
★★★

問 国生みの物語に登場する神々は、難しい名前ばかりです。使われている漢字を見ると、その神様の個性が想像できるかもしれません。

① 天之御中主神	⑤ 天常立神	⑨ 天照大御神	⑬ 天児屋命
② 高御産巣日神	⑥ 国之常立神	⑩ 素戔嗚尊	⑭ 天手力男神
③ 神産巣日神	⑦ 伊弉諾尊	⑪ 月読命	⑮ 天忍穂耳尊
④ 可美葦牙彦舅尊	⑧ 伊弉冉尊	⑫ 天鈿女命	⑯ 瓊瓊杵尊

①	②	③	④
あめのみなかぬしのかみ	たかみむすひのかみ	かみむすひのかみ	うましあしかびひこじのみこと
⑤	⑥	⑦	⑧
あめのとこたちのかみ	くにのとこたちのかみ	いざなぎのみこと	いざなみのみこと
⑨	⑩	⑪	⑫
あまてらすおおみかみ	すさのおのみこと	つくよみのみこと	あめのうずめのみこと
⑬	⑭	⑮	⑯
あめのこやねのみこと	あめのたぢからおのかみ	あめのおしほみみのみこと	ににぎのみこと

天地開闢（かいびゃく）のさいに高天原（たかまがはら）に降臨したのが「**天之御中主神**」「**高御産巣日神**」「**神産巣日神**」の三神です。その後に「**可美葦牙彦舅尊**」らが現われました。

よく知られた男神の「**伊弉諾尊**」と女神の「**伊弉冉尊**」とが現われ、ここから国土や山や海の神々を生み出したのです。この二神から生まれた「**天照大御神**」が、日本の神話の中心となる主神です。太陽神であり、弟である「**素戔嗚尊**」の行ないに怒り、天の岩屋に籠（こ）もります。何柱もの神々が集まり、「**天鈿女命**」が踊り、「**天児屋命**」が祝詞（のりと）を唱え、「**天手力男神**」が岩戸を開き、天照大御神を引っ張り出すことに成功したという神話があります。

人生の節目を表わす漢字に挑戦！

難易度 ★★★

問 人が生まれてから亡くなるまでに経験するさまざまな儀式も、見慣れない漢字ばかりではないでしょうか。

① 帯祝い	② 胞衣納め	③ 五十日	④ 真魚始
⑤ 七所祝い	⑥ 十三参り	⑦ 褌祝い	⑧ 髪上げ
⑨ 初冠	⑩ 許婚	⑪ 藁婚式	⑫ 錫婚式
⑬ 珊瑚婚式	⑭ 殯	⑮ 鬼籍	⑯ 遠忌

① おびいわい	⑤ ななとこいわい	⑨ ういこうぶり	⑬ さんごこんしき
② えなおさめ	⑥ じゅうさんまいり	⑩ いいなずけ	⑭ もがり
③ いか	⑦ へこいわい	⑪ わらこんしき	⑮ きせき
④ まなはじめ	⑧ かみあげ	⑫ すずこんしき	⑯ おんき

「**胞衣納め**」の「胞衣」とは、胎児を包んでいた膜と胎盤を壺などに入れ、土に埋める儀式のことです。

「**真魚始**」は、二歳から三歳ぐらいで初めて魚肉などを食べさせる儀式で、魚味始（まなはじめ）とも書きます。男子が成人に達すると位階によって異なる冠をつけさせました。それを「**初冠**」といいますが、年齢は十一歳から十七歳の幅があります。

「**藁婚式**」は、結婚二年目、「**錫婚式**」は十年目、「**珊瑚婚式**」は三十五年目の祝いを表わす漢字です。

古代には、埋葬まで遺体を棺に納めて安置しておきました。それを「**殯**」といいます。亡くなった人は「**鬼籍**」に入り、亡くなって十三回忌以上を「**遠忌**」と呼びます。

年齢を表わす漢字に挑戦！

難易度 ★

問 昔から、年齢には風情のある呼び名があります。長寿の呼び名には祝う意味もあり、めでたい漢字が使われています。

① 志学	② 而立	③ 不惑	④ 耳順
⑤ 古希	⑥ 喜寿	⑦ 傘寿	⑧ 盤寿
⑨ 米寿	⑩ 珍寿	⑪ 白寿	⑫ 紀寿
⑬ 百寿	⑭ 茶寿	⑮ 皇寿	⑯ 大還暦

① しがく（15歳）	② じりつ（30歳）	③ ふわく（40歳）	④ じじゅん（60歳）
⑤ こき（70歳）	⑥ きじゅ（77歳）	⑦ さんじゅ（80歳）	⑧ ばんじゅ（81歳）
⑨ べいじゅ（88歳）	⑩ ちんじゅ（95歳）	⑪ はくじゅ（99歳）	⑫ きじゅ（100歳）
⑬ ひゃくじゅ（100歳）	⑭ ちゃじゅ（108歳）	⑮ こうじゅ（111歳）	⑯ だいかんれき（120歳）

「**志学**」や「**而立**」などは中国の書物『論語』からとられています。たとえば「四十にして惑わず」とあることから、四十歳を「**不惑**」と呼んでいるわけです。

「**喜寿**」「**傘寿**」「**米寿**」「**茶寿**」は文字の形からとっています（「卒」の略字「卆」を九十と読むなど）。

「**盤寿**」は将棋盤に八十一のマス目があることから名付けられました。

「**珍寿**」は王が一、十、一合わせて十二、作りが八三と解して、足して九十五。また、年齢を重ねることは珍しいという意味から百十歳などにも使われます。

「**白寿**」は百から一を引いて「白」、「**皇寿**」は「白」が九十九、「王」を一十一と解して、足すと百十一になります。

西洋楽器の漢字表記に挑戦！

難易度
★★★

問 琴と書き表わす楽器のなかには、弦を使わないものもあります。漢字からなんの楽器か推理してみましょう。

① 洋琴	② 提琴	③ 風琴	④ 手風琴
⑤ 口風琴	⑥ 六弦琴	⑦ 四弦琴	⑧ 喇叭
⑨ 角笛	⑩ 三角鉄	⑪ 竪琴	⑫ 自鳴琴
⑬ 鐘琴	⑭ 鳩琴	⑮ 木琴	⑯ 琉特

① ようきん（ピアノ）	② ていきん（バイオリン）	③ ふうきん（オルガン）	④ てふうきん（アコーディオン）
⑤ くちふうきん（ハーモニカ）	⑥ ろくげんきん（ギター）	⑦ しげんきん（ベース）	⑧ らっぱ
⑨ つのぶえ（ホルン）	⑩ さんかくてつ（トライアングル）	⑪ たてごと（ハープ）	⑫ じめいきん（オルゴール）
⑬ しょうきん（チャイム）	⑭ きゅうきん（オカリナ）	⑮ もっきん（シロフォン）	⑯ りゅうと（リュート）

西洋から伝わった楽器は主に楽器の特徴と、「琴」という漢字の組み合わせで表現することが多いです。

ピアノは、中国語では鋼琴(がんちん)などと書かれますが、日本語では「**洋琴**」と書きます。

バイオリンは「**提琴**」です。「提」は、手にもつ、手にさげるという意味があり、バイオリンの演奏のようすをそのまま漢字表記にしたものでしょう。

そのバイオリンが大きくなれば「大提琴(チェロ)」、さらに大きくなると「低音大提琴(コントラバス)」という漢字になります。

ホルンを「**角笛**」という漢字で表わすのは、元となった楽器が、動物の「角」から作られていたためです。

身近な化学物質の漢字に挑戦！

難易度 ★★★

問 カタカナで表記することが多い化学物質ですが、漢字での表記を知っているとさらに理解が深まります。

① 安母尼亜	② 苛性曹達	③ 枸櫞酸	④ 酒精
⑤ 蓚酸	⑥ 石蝋	⑦ 重曹	⑧ 沃素
⑨ 満俺	⑩ 燐酸	⑪ 弗素	⑫ 薄荷脳
⑬ 亜爾加里	⑭ 樟脳	⑮ 石膏	⑯ 芒硝

① あんもにあ	② かせいそうだ	③ くえんさん	④ しゅせい
⑤ しゅうさん	⑥ せきろう	⑦ じゅうそう	⑧ ようそ
⑨ まんがん	⑩ りんさん	⑪ ふっそ	⑫ はっかのう
⑬ あるかり	⑭ しょうのう	⑮ せっこう	⑯ ぼうしょう

ほうれん草のえぐ味「**蓚酸**」、レモンや梅干しの酸味「**枸櫞酸**」、コーラ飲料の酸味料「**燐酸**」などは、漢字を見るとその由来が想像できます。

アンモニアは漢字で「**安母尼亞**」と書くのをはじめ、硫酸アンモニウムを硫安（りゅうあん）、硝酸アンモニウムを硝安（しょうあん）と略するのは、この当て字のためです。

同じように「**重曹**」の「曹」は、ナトリウムを指し示す曹達（ソーダ）のことで、「**苛性曹達**」は水酸化ナトリウムのことです。

また、日本でも古くから知られていた物質は「**酒精**」（エタノール）、「**石蝋**」（パラフィン）、「**薄荷脳**」（メントール）、「**石膏**」（硫酸カルシウム）「**芒硝**」（硫酸ナトリウム）、など特別な和名があります。

スポーツを表わす漢字に挑戦！

難易度★★

問 スポーツ、とくに球技の漢字表記は、そのスポーツの特徴が漢字で端的に表現されています。

① 十柱戯	⑤ 鎧球	⑨ 排球	⑬ 羽球
② 孔球	⑥ 門球	⑩ 棒網球	⑭ 避球
③ 杖球	⑦ 送球	⑪ 籐球	⑮ 氷球
④ 闘球	⑧ 籠球	⑫ 塁球	⑯ 蹴球

①じっちゅうぎ（ボーリング）	⑤がいきゅう（アメリカンフットボール）	⑨はいきゅう（バレーボール）	⑬うきゅう（バトミントン）
②こうきゅう（ゴルフ）	⑥もんきゅう（ゲートボール）	⑩ぼうもうきゅう（ラクロス）	⑭ひきゅう（ドッジボール）
③じょうきゅう（ホッケー）	⑦そうきゅう（ハンドボール）	⑪とうきゅう（セパタクロー）	⑮ひょうきゅう（アイスホッケー）
④とうきゅう（ラグビー）	⑧ろうきゅう（バスケットボール）	⑫るいきゅう（ソフトボール）	⑯しゅうきゅう（サッカー）

ボーリングはボールではなく、ピンに注目し、十本のピンを使うことから「**十柱戯**」と表記されます。

ゴルフは球を孔(あな)に入れるところから「**孔球**」、ホッケーは杖のようなスティックを使うところから「**杖球**」です。

アメフトは鎧(よろい)のようなユニフォームを装着するところから「**鎧球**」です。

バスケットボールはもともと籠にボールを入れるゲームだったため「**籠球**」です。

セパタクローは籐製の球を使うため「**籐球**」、ドッジボールは球から逃げるため「**避球**」など由来を知ると納得できます。

外来語の漢字表記に挑戦！

難易度★★

問 じつは外国から入ってきた言葉「外来語」には、読めそうで読めない漢字がたくさんあります。

① 混凝土
② 隧道
③ 洋灰
④ 螺子
⑤ 煙管
⑥ 極光
⑦ 護謨
⑧ 頁
⑨ 短艇
⑩ 灰殻
⑪ 馬穴
⑫ 洋袴
⑬ 倶楽部
⑭ 型録
⑮ 硝子
⑯ 手巾

①	②	③	④
コンクリート	すいどう（トンネル）	ようかい（セメント）	ネジ
⑤	⑥	⑦	⑧
キセル	きょっこう（オーロラ）	ゴム	ページ
⑨	⑩	⑪	⑫
たんてい（ボート）	ハイカラ	バケツ	ズボン
⑬	⑭	⑮	⑯
クラブ	カタログ	ガラス	ハンカチ

「**洋灰**」は日本語ではようかいと読みます。日本の分類としてはカタカナ語ですが、ルーツは中国のようです。

「**頁**」をヨウと読み、江戸時代まで使われていた毎数をかぞえる単位の「葉」の音を当て、ページと読んだようです。

幕末から明治にかけ日本にズボンなどの洋装が広まり、「**洋袴**」という漢字が当てられました。

夏目漱石や宮沢賢治が、「**手巾**」を「ハンカチ・ハンケチ・ハンカチフ」と読ませるなど、同じ単語が複数の読み方で表記されていることもあるようです。

社会人の常識漢字に挑戦！①

難易度
★★

問 さまざまなビジネスシーンで遭遇する社会人の常識といえる難読漢字です。

① 凡例
② 相殺
③ 進捗
④ 遵守
⑤ 収斂
⑥ 出納
⑦ 約定
⑧ 返戻
⑨ 完遂
⑩ 婉曲
⑪ 齟齬
⑫ 奔走
⑬ 定石
⑭ 意匠
⑮ 辟易
⑯ 代替

① はんれい	② そうさい	③ しんちょく	④ じゅんしゅ
⑤ しゅうれん	⑥ すいとう	⑦ やくじょう	⑧ へんれい
⑨ かんすい	⑩ えんきょく	⑪ そご	⑫ ほんそう
⑬ じょうせき	⑭ いしょう	⑮ へきえき	⑯ だいたい

ぼんれいと読みがちな「**凡例**」は、書物の巻頭で編述の方針や使用法を述べたもののことです。

「**相殺**」は帳消しにすることを指す意味で、「殺」をさいと読ませる珍しい例です。

「**出納**」はお金の出し入れを指し、「**返戻**」は返戻金といった言葉で使われます。

難読の定番ともいえる「**齟齬**」は、食い違いの意味で用いられます。

「**定石**」は、囲碁で最善とされる決まった打ち方であることから、物事をするときの最上とされる方法を指します。

「**意匠**」は意匠登録などで目にする語です。だいかえと読んでしまいがちな「**代替**」は代替文字などで、工夫・趣向を意味しています。

社会人の常識漢字に挑戦！②

難易度 ★

問 見かけたことがある言葉でも、意外に読みが難しい社会人必読の漢字です。

① 就中	⑤ コロナ禍	⑨ 暫時	⑬ 月極駐車場
② 忖度	⑥ 逼迫	⑩ 捺印	⑭ 汎用
③ 店賃	⑦ 累計	⑪ 貼付	⑮ 御用達
④ 恩赦	⑧ 塩梅	⑫ 斡旋	⑯ 重複

① なかんずく	⑤ コロナか	⑨ ざんじ	⑬ つきぎめちゅうしゃじょう
② そんたく	⑥ ひっぱく	⑩ なついん	⑭ はんよう
③ たなちん	⑦ るいけい	⑪ ・てんぷ ・ちょうふ	⑮ ごようたし
④ おんしゃ	⑧ あんばい	⑫ あっせん	⑯ ・じゅうふく ・ちょうふく

ビジネス上で交流する相手は友だちではなく、ともに利益を追求する仲間や交渉が必要な団体・企業です。くだけた言葉は通用しないので、常識的な言葉づかいでの会話や文書のやり取りが肝要です。

「**忖度**」の「忖」「度」にはおしはかるという意味があります。

「**暫時**」「**汎用**」「**御用達**」などは読み間違いが多いので注意しましょう。

かつては誤読とされていたてんぷ、じゅうふくも慣用読みとして定着し始めています。辞書には、どちらの読みも載っており、今後は正誤が逆転するときがくるかもしれません。

病名の漢字に挑戦！

難易度
★★

問 病院や薬局で見かける「病名」には、難読な漢字が多いので間違えないように注意しましょう。

①赤痢
②骨粗鬆症
③悪心
④粟粒結核
⑤水疱瘡
⑥黄疸
⑦嗄声
⑧肺動脈楔入圧
⑨癩癇
⑩痙攣
⑪胆嚢炎
⑫胃潰瘍
⑬虫垂炎
⑭喘息
⑮壊死・壊疽
⑯網膜剥離

① せきり	⑤ みずぼうそう	⑨ てんかん	⑬ ちゅうすいえん
② こつそしょうしょう	⑥ おうだん	⑩ けいれん	⑭ ぜんそく
③ おしん	⑦ させい	⑪ たんのうえん	⑮ ・えし ・えそ
④ ぞくりゅうけっかく	⑧ はいどうみゃくせつにゅうあつ	⑫ いかいよう	⑯ もうまくはくり

「**骨粗鬆症**」は、長年の生活習慣などによって骨の量が減ってスカスカになり、骨折しやすくなっている状態のことです。

見るからに調子が悪そうな「**悪心**」は吐き気をもよおすことをいいます。

「**黄疸**」とは、血液中に含まれるビリルビンという成分が身体の組織に沈着し、肌や白目が黄色く染まって見える状態です。

「**嗄声**」はかすれた声になることです。

「**壊死**」は組織や細胞の一部が死滅すること、「**壊疽**」は壊死した組織の表面が黒変した状態をいいます。

「**網膜剥離**」は眼球の内側にある網膜という膜が剥がれて、視力が低下する病気です。

将棋にまつわる漢字に挑戦！

難易度★★

問 「将棋」を楽しむために、まずは将棋の用語をマスターすることから始めましょう！

① 居玉	② 合駒	③ 悪手	④ 頭金
⑤ 居飛車	⑥ 四間飛車	⑦ 矢倉	⑧ 美濃囲い
⑨ 穴熊	⑩ 横歩取り	⑪ 上手	⑫ 揮毫
⑬ 羽生善治	⑭ 加藤一二三	⑮ 藤井聡太	⑯ 竹俣紅

⑬ はぶ よしはる	⑨ あなぐま	⑤ いびしゃ	① いぎょく
⑭ かとう ひふみ	⑩ よこふどり	⑥ しけんびしゃ	② あいごま
⑮ ふじい そうた	⑪ うわて	⑦ やぐら	③ あくしゅ
⑯ たけまた べに	⑫ きごう	⑧ みのがこい	④ あたまきん

「**居玉**」とは、将棋で玉（王将）が初期位置からまったく動いていない状態のこと、「**悪手**」とは形勢が不利になるような指し手をいいます。

玉の一マス前に金を打つことを「**頭金**」といいます。

「**上手**」は対局者の棋力（きりょく）に差がある場合、棋力が上の対局者のことを指します。

座右の銘や信念など、思い思いの言葉を色紙や扇子にしたためることを「**揮毫**」といい、羽生善治九段の『玲瓏（れいろう）』、藤井聡太二冠の『大志』などが有名です。

「**竹俣紅**」は、女流初段の元女流棋士で、小学四年生のとき、日本将棋連盟主催の第一回駒姫名人戦で優勝しました。

人体の部位の名称に挑戦！

難易度
★★

問 「人体」の各部位の漢字には、似ているものが多くあります。

⑬ 睫	⑨ 耳朶	⑤ 御凸	① 蟀谷
⑭ 脹脛	⑩ 項	⑥ 膕	② 踝
⑮ 腓	⑪ 掌	⑦ 踵	③ 齶
⑯ 眦	⑫ 旋毛	⑧ 鳩尾	④ 腿

① こめかみ	⑤ おでこ	⑨ みみたぶ	⑬ まつげ
② くるぶし	⑥ ひかがみ	⑩ うなじ	⑭ ふくらはぎ
③ えくぼ	⑦ かかと	⑪ てのひら	⑮ こむら
④ もも	⑧ みぞおち	⑫ つむじ	⑯ まなじり

「**踝**」は、足首のところで左右に盛り上がっている部分です。

「**膕**」は膝の後ろのくぼんでいるところを、「**踵**」は足の裏の後部、足首の下にあたる部分を指し、踵（きびす）ともいいます。

「水落ち」が変化した「**鳩尾**」は、胸の中心にあるくぼんだ部分のことです。これは、飲んだ水が落ちるところという意味があります。

たなごころともいう「**掌**」は、手の平と書くこともあります。

「**腓**」の筋肉が痙攣（けいれん）するのが腓返り（こむらがえり）です。

「**眦**」は「目（ま）の後（しり）」の意味で、古くは「まなしり（まなじり）」、つまり目尻のことをいいます。

筋肉の漢字に挑戦！

難易度
★★★

問 筋肉は全身に600種類以上あるといわれています。難しい漢字でも部位にまつわる漢字がヒントになっています。

①僧帽筋
②腓腹筋
③胸鎖乳突筋
④腕橈骨筋
⑤長指伸筋
⑥腸腰筋
⑦橈側手根屈筋
⑧上腕二頭筋長頭
⑨大臀筋
⑩大腿四頭筋
⑪半腱様筋
⑫足底筋
⑬脊柱起立筋
⑭前鋸筋
⑮棘上筋
⑯肘筋

④腕橈骨筋
（わんとうこつきん）

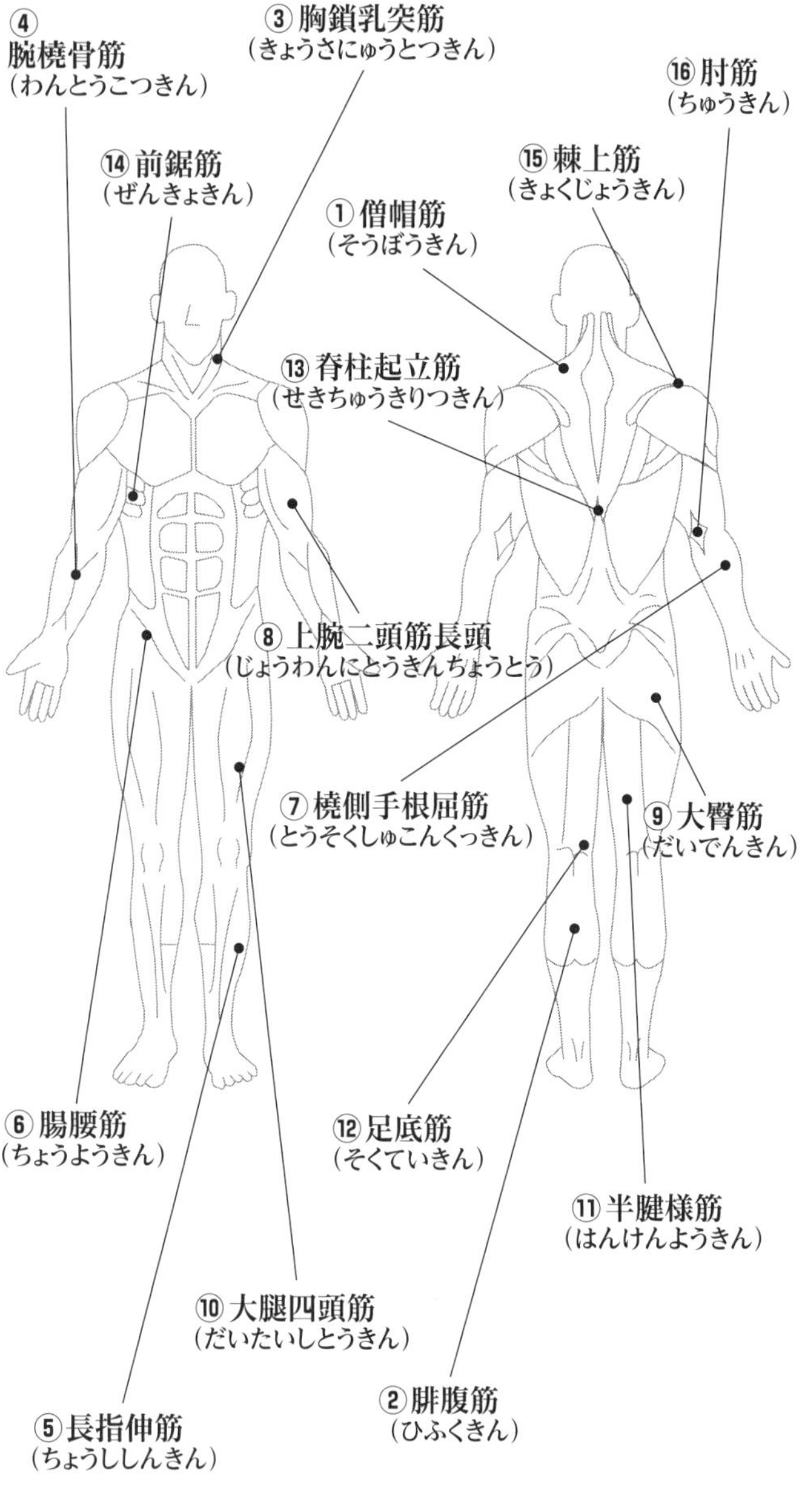

③胸鎖乳突筋
（きょうさにゅうとつきん）

⑯肘筋
（ちゅうきん）

⑭前鋸筋
（ぜんきょきん）

⑮棘上筋
（きょくじょうきん）

①僧帽筋
（そうぼうきん）

⑬脊柱起立筋
（せきちゅうきりつきん）

⑧上腕二頭筋長頭
（じょうわんにとうきんちょうとう）

⑦橈側手根屈筋
（とうそくしゅこんくっきん）

⑨大臀筋
（だいでんきん）

⑥腸腰筋
（ちょうようきん）

⑫足底筋
（そくていきん）

⑪半腱様筋
（はんけんようきん）

⑩大腿四頭筋
（だいたいしとうきん）

②腓腹筋
（ひふくきん）

⑤長指伸筋
（ちょうししんきん）

気象用語の漢字に挑戦！

難易度★★

問 気象用語では「霰・靄・霞」など、似ている漢字が多いので注意しましょう。

① 凪	⑤ 旋風	⑨ 靄	⑬ 片時雨
② 肱川あらし	⑥ 霰	⑩ 霞	⑭ 俄雨
③ 地峡風	⑦ 霙	⑪ 砂塵嵐	⑮ 村雨
④ 東風	⑧ 霜	⑫ 曇天	⑯ 時化

① なぎ	② ひじかわあらし	③ ちきょうかぜ	④ こちかぜ
⑤ つむじかぜ	⑥ あられ	⑦ みぞれ	⑧ しも
⑨ もや	⑩ かすみ	⑪ さじんあらし	⑫ どんてん
⑬ かたしぐれ	⑭ にわかあめ	⑮ むらさめ	⑯ しけ

風速0の状態を「**凪**」といいます。海風から陸風へ切り替わるときの無風状態を夕凪、陸風から海風へ切り替わるときの無風状態を朝凪といいます。

「**肱川あらし**」とは、初冬の朝、大洲(おおず)盆地で発生した霧(きり)が肱川を下り、白い霧を伴った冷たい強風が河口を吹き抜ける現象で、愛媛県大洲市で観察されます。

「**東風**」は東から吹いてくる風のことです。

「**片時雨**」とは、空の一方では時雨(しぐれ)が降りながら、一方では晴れていることを表わしています。

「**村雨**」はやんではまた降る雨のことです。

また、風雨のため海が荒れることを「**時化**」といいます。

法律や裁判にまつわる漢字に挑戦！

難易度★★★

問 知っていれば裁判員に選ばれても安心。日常とは違う読みをすることもある裁判用語と法律用語を知ることから始めましょう。

① 情状酌量

② 酌量減軽

③ 蔵匿

④ 欺罔

⑤ 遺言

⑥ 酩酊

⑦ 恵沢

⑧ 訴追

⑨ 罷免

⑩ 心裡留保

⑪ 享有

⑫ 定款

⑬ 御璽

⑭ 収賄

⑮ 贈賄

⑯ 幇助

① じょうじょう しゃくりょう	⑤ いごん	⑨ ひめん	⑬ ぎょじ
② しゃくりょう げんけい	⑥ めいてい	⑩ しんり りゅうほ	⑭ しゅうわい
③ ぞうとく	⑦ けいたく	⑪ きょうゆう	⑮ ぞうわい
④ ぎもう	⑧ そつい	⑫ ていかん	⑯ ほうじょ

「**情状酌量**」とは、裁判官が、判決に当たって、容疑者が犯罪に至った事情のあわれむべき点をくんで、刑罰を軽くすることです。

「**蔵匿**」は、人に知られないように隠しておく行為を指します。

日常用語では通常「ゆいごん」と読みますが、法律用語としての「**遺言**」は、「いごん」と読むことが多いです。

「**罷免**」は免職のこと、「**心裡留保**」は意思表示を行なう者が、自己の真意や行為の内容との食い違いを自覚しながら行なう意思表示のことです。

「**御璽**」は日本では天皇の印鑑です。

「**収賄**」は賄賂（わいろ）を受け取ること、「**贈賄**」は賄賂を贈ることをいいます。

金融・会計用語の漢字に挑戦！

難易度 ★★★

問 知っておくと便利な金融や会計用語です。漢字を見ると決算書類などへの理解が深まります。

① 可処分所得	② 貸借対照表	③ 借方	④ 貸方
⑤ 繰延資産	⑥ 棚卸	⑦ 借入金	⑧ 粗利益
⑨ 勘定科目	⑩ 仕訳	⑪ 帳端	⑫ 割賦
⑬ 元本	⑭ 最高値	⑮ 歩留まり	⑯ 格付け

①	②	③	④
かしょぶん しょとく	たいしゃく たいしょう ひょう	かりかた	かしかた
⑤	⑥	⑦	⑧
くりのべ しさん	たなおろし	かりいれきん	あらりえき
⑨	⑩	⑪	⑫
かんじょう かもく	しわけ	ちょうは	かっぷ
⑬	⑭	⑮	⑯
がんぽん	さいたかね	ぶどまり	かくづけ

「**貸借対照表**」は、会社の資産や負債を示す書類です。

「**勘定科目**」は日々の取引の種類や分類を意味します。「**仕訳**」は取引を「**借方**」「**貸方**」に分けて勘定科目や金額を表記することです。借方、貸方に分けることで資産や負債がどのように増減しているのかを把握することができます。

「**帳端**」とは、その月の売上であっても締め日を過ぎているとき、請求処理を翌月回しにすることです。帳簿が手書きだった時代に帳面の「端」に書き込んだことに由来しています。

「**歩留まり**」は、全生産品から不良品を除いた、実際に出荷できる製品の割合を指しています。

鉱物や宝石、元素の漢字に挑戦！

難易度★★★

問 鉱物、元素などを表現する漢字は現在でもよく使われています。

① 土瀝青
② 土耳古石
③ 電気石
④ 硫化鉄
⑤ 硫黄
⑥ 翠玉
⑦ 細石
⑧ 砂利
⑨ 雲母
⑩ 瑪瑙
⑪ 紫水晶
⑫ 石英
⑬ 金剛石
⑭ 紅玉
⑮ 青玉
⑯ 蛋白石

① どれきせい（アスファルト）	② とるこいし（ターコイズ）	③ でんきせき（トルマリン）	④ りゅうかてつ
⑤ いおう	⑥ すいぎょく（エメラルド）	⑦ さざれいし	⑧ じゃり
⑨ うんも（マイカ）	⑩ めのう（アゲート）	⑪ むらさきすいしょう（アメジスト）	⑫ せきえい（クオーツ）
⑬ こんごうせき（ダイヤモンド）	⑭ こうぎょく（ルビー）	⑮ せいぎょく（サファイヤ）	⑯ たんぱくせき（オパール）

道路舗装などに使われるアスファルトは、漢字だと「**土瀝青**」です。なじみがあまりない字かもしれませんが、「瀝（れき）」はしずくそのものや液体をこすといった意味があります。

「**土耳古石**」は土耳古をトルコと読みますが、トルコが原産地ではありません。イランやメキシコで多く生産されます。

細かい石を意味する「**細石**」は、『君が代』の歌詞にも出てきます。

「**瑪瑙**」は、「**石英**」や「**蛋白石**」などが混合してできた鉱物の一種です。

また、多くの宝石に「玉」の字が当てられていますが、宝石類を表わす漢字から、その意味や色から名前を推測できます。

＼もっと／

漢字力を高めるコラム④

カタカナ語

近年のビジネスシーンでは、さまざまな「カタカナ語」が使われています。

なぜ「カタカナ語」を使うのかは、意味がたくさんある、または日本語にしたさいにさらに長くなってしまうのを防ぐ目的があるようです。たとえば「クラスター」、日本では「集団感染」といわれていますが、厳密には「五人以上の集団が共通の感染源をもつこと」という限定された意味のようです。

日常で使う「カタカナ語」もまずは意味だけでもしっかり覚えておきたいところです。以下を見れば、意味を理解した上で使えるようになります。

コンプライアンス	イシュー	フィックス	アサイン
法令遵守	課題・議題	決定	割りあてる
サマリー	エビデンス	ペンディング	アジェンダ
要約・概要	証拠、形跡	保留、中断	予定表・目標設定
シナジー	コンセンサス	タイト	コミット
相乗効果	合致、合意	厳しい・きつい	約束・責任を持って関わる

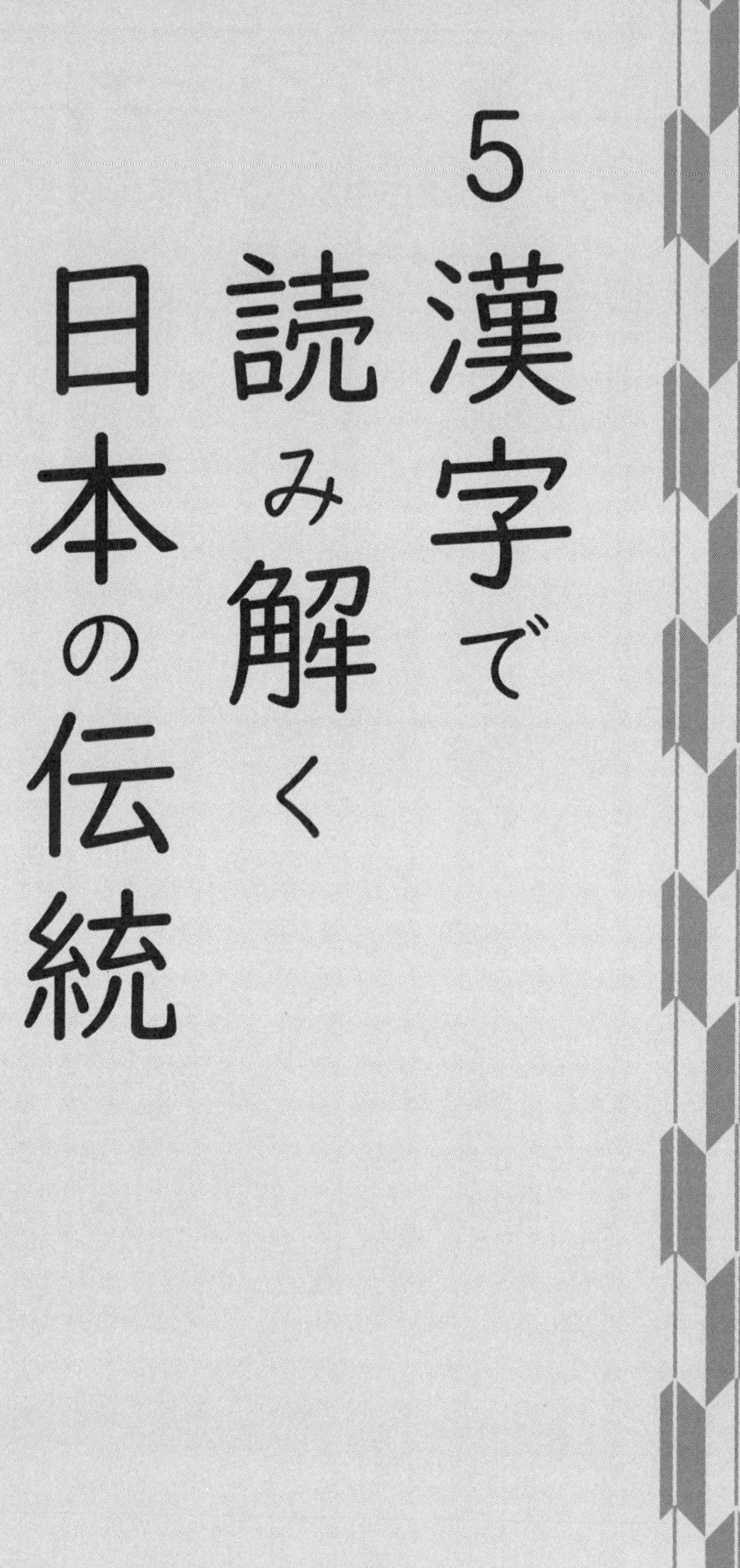

5 漢字で読み解く日本の伝統

春に咲く花の漢字に挑戦！

難易度 ★★★

問 春の花々を読んでみましょう。なんとなく読めそうな漢字もあれば、想像するのが難しい漢字もあります。

① 三椏	② 辛夷	③ 木蘭	④ 馬酔木
⑤ 海棠	⑥ 石楠花	⑦ 木槿	⑧ 紫雲英
⑨ 枝垂桜	⑩ 連翹	⑪ 蝋弁花	⑫ 満天星
⑬ 小手毬	⑭ 木瓜	⑮ 公孫樹	⑯ 勿忘草

① みつまた	② こぶし	③ ・もくらん ・もくれん	④ ・あせび ・あしび
⑤ かいどう	⑥ しゃくなげ	⑦ むくげ	⑧ げんげ（れんげそう）
⑨ しだれざくら	⑩ れんぎょう	⑪ とさみずき	⑫ どうだんつつじ
⑬ こでまり	⑭ ぼけ	⑮ いちょう	⑯ わすれなぐさ

「**辛夷**」は握りこぶしに似ているため、この名がついたといわれています。なお、「辛夷」は中国ではモクレンの別名であり、少しまぎらわしくなっています。

日本でレンゲソウ（蓮華草）と呼ばれる「**紫雲英**」は、中国読みです。

「**満天星**」は室内で使う結び灯台の意味で、枝の別れるようすが灯台の脚に似ているために付けられたようです。

「**公孫樹**」は春に花が咲き、秋に実が落ちます。老木になって（孫の代になって）から実がつくためにこの字が当てられました。

ヨーロッパ産の植物「**勿忘草**」には、恋人のためにこの花を摘もうとして川に落ちた騎士が「私を忘れないで」と叫んだために付けられたという伝説があります。

夏に咲く花の漢字に挑戦！

難易度★★★

問 さまざまな花が咲き乱れる夏。花の種類も多種多様、花を表わす漢字も見たことのあるものもあれば見慣れないものもあります。

① 躑躅	② 薔薇	③ 繍線菊	④ 紫陽花
⑤ 菖蒲	⑥ 百日紅	⑦ 合歓木	⑧ 凌霄花
⑨ 芙蓉	⑩ 向日葵	⑪ 金雀枝	⑫ 夾竹桃
⑬ 虎杖	⑭ 金盞花	⑮ 苜蓿	⑯ 藜

① つつじ	⑤ あやめ	⑨ ふよう	⑬ いたどり
② ばら	⑥ さるすべり	⑩ ひまわり	⑭ きんせんか
③ しもつけ	⑦ ねむのき	⑪ えにしだ	⑮ うまごやし
④ あじさい	⑧ のうぜんかずら	⑫ きょうちくとう	⑯ あかざ

「**繍線菊**」は、下野の国（栃木県）に多いことからこの名が付きました。花が似ているものに下野草があります。

「**合歓木**」は葉が夜になると閉じることから、眠りの木と呼ばれるようになりました。

「**凌霄花**」は古名がノウショウで、そこからノウゼンに転じたといわれています。

「**金雀枝**」の花は黄金色の蝶形をしているため、この字が当てられましたが、呼び方はオランダ語から転じたともいわれます。

「**苜蓿**」は別名が白詰草で、牧草や肥料となります。本来の苜蓿はモクシュクと呼ばれるスプラウトの一種で、紫色の花をつけるため、ムラサキウマゴヤシとも呼ばれています。

秋、冬に咲く花の漢字に挑戦！

難易度 ★★★

問 咲いている花を見かけなくなる秋、冬の難読漢字です。

① 秋桜	⑤ 七竈	⑨ 紫苑	⑬ 楪
② 吾亦紅	⑥ 臭木	⑩ 曼珠沙華	⑭ 疼木
③ 竜胆	⑦ 牽牛花	⑪ 山茶花	⑮ 侘助
④ 金木犀	⑧ 鶏頭	⑫ 冬青	⑯ 八手

① あきざくら（コスモス）	⑤ ななかまど	⑨ しおん	⑬ ゆずりは
② われもこう	⑥ くさぎ	⑩ まんじゅしゃげ	⑭ ひいらぎ
③ りんどう	⑦ けんぎゅうか（あさがお）	⑪ さざんか	⑮ わびすけ
④ きんもくせい	⑧ けいとう	⑫ そよご	⑯ やつで

「**七竈**」は枝などが燃えにくく、「竈」に七回くべても灰にならないほどだとして、この字が当てられました。

「**臭木**」は読んで字のごとく、茎や葉から悪臭がします。

「**曼珠沙華**」はサンスクリット語を元にした仏教用語で天の花のことを指します。本来は白い花ですが、日本では赤い花で、ヒガンバナとも呼ばれています。

「**侘助**」はツバキの一品種です。豊臣秀吉の朝鮮出兵の際に侘助という人物が日本に持ち帰ったため、この名前が付いたといわれています。

「**八手**」の八は数が多いの意で、掌（てのひら）のようであることから名付けられました。

春と秋の七草の漢字に挑戦！

難易度
★★

問 七草粥で知られる春秋に旬をむかえる草花たち。いずれも日本ならではの、季節を感じさせる植物です。

①	②	③	④
芹	薺	御形	繁縷
⑤	⑥	⑦	⑧
仏の座	菘	蘿蔔	萩
⑨	⑩	⑪	⑫
尾花	葛	撫子	女郎花
⑬	⑭	⑮	⑯
藤袴	桔梗	母子草	鹿鳴草

① せり	⑤ ほとけのざ	⑨ おばな	⑬ ふじばかま
② なずな	⑥ すずな	⑩ くず	⑭ ききょう
③ ごぎょう	⑦ すずしろ	⑪ なでしこ	⑮ ははこぐさ
④ はこべ	⑧ はぎ	⑫ おみなえし	⑯ しかなぐさ

「**薺**」は、小さな花をつけた茎がそろって咲くさまを表わしています。ぺんぺん草ともいい、三味線草とも呼ばれるのはぺんぺんからの連想でしょう。

仏が座る蓮華座に花が似ているため、「**仏の座**」の名が付いています。植物としては小鬼田平子（こおにたびらこ）というのが、一般的な名称です。

「**尾花**」は花が動物の「尾」に似ていることからつけられたように薄（すすき）（芒）のことです。屋根をふくのにも使われ、茅と総称されることもあります。

「**女郎花**」の由来は黄色い花が粟飯のつぶに似ているため、粟飯の別名「女飯（おみなめし）」が転じたとされています。同じ品種で、女郎花に形が似ている男郎花（おとこえし）という花もあります。

春を表わす季語の漢字に挑戦！

難易度★★★

問 季語は旧暦をもとにしているため、今より早めの季節感が表わされています。字をよく見ると、早春の風情を感じ取ることができます

① 啓蟄	⑤ 炬燵塞ぐ	⑨ 花篝	⑬ 蘖
② 朧	⑥ 厩出し	⑩ 青饅	⑭ 柳絮
③ 霾る	⑦ 磯竈	⑪ 囀	⑮ 春塵
④ 斑雪	⑧ 鞦韆	⑫ 桜蘂降る	⑯ 養花天

① けいちつ	⑤ こたつふさぐ	⑨ はなかがり	⑬ ひこばえ
② おぼろ	⑥ うまやだし	⑩ あおぬた	⑭ りゅうじょ
③ つちふる	⑦ いそかまど	⑪ さえずり	⑮ しゅんじん
④ まだらゆき	⑧ しゅうせん	⑫ さくらしべふる	⑯ ようかてん

「**霾る**」は強い風に砂が吹き上げられることで、タクラマカン砂漠などから中国に砂塵が飛んでいくようすを示しています。日本では黄砂と呼ばれます。

「**鞦韆**」はブランコで、中国から入ってきた遊具です。冬の間は使われなかったブランコが、暖かくなって子どもたちがブランコで遊ぶ姿が春を思わせるため、季語になりました。

「**青饅**」は青ネギなど青物を酢味噌で和えた食べ物です。

「**蘖**」は樹木の切り株から生えてくる若芽のことで、孫が生まれることになぞらえています。

春になると柳の実が熟して綿毛が飛び散ります。これを「**柳絮**」といいます。

夏を表わす季語の漢字に挑戦！

難易度★★★

問 暑さを感じる夏は、涼しげな風物が季語になることが多いようです。

① 半夏生	⑤ 卯波	⑨ 羅	⑬ 心太
② 南風	⑥ 糗麨	⑩ 縮布	⑭ 母衣蚊帳
③ 雹	⑦ 簟	⑪ 粽	⑮ 天花粉
④ 旱	⑧ 帷子	⑫ 鮴汁	⑯ 霍乱

① はんげしょう	⑤ うなみ	⑨ うすもの	⑬ ところてん
② はえ	⑥ はったい	⑩ ちぢみふ	⑭ ほろがや
③ ひょう	⑦ たかむしろ	⑪ ちまき	⑮ てんかふん
④ ひでり	⑧ かたびら	⑫ ごりじる	⑯ かくらん

「**半夏生**」は夏至から十一日目の七月一日か2日頃を指します。「半夏生」という植物が繁茂することからこう呼びます。

「**南風**」は、古い呼び名に漢字を当てたものです。

「**羅**」は「ら」と読み、薄く織った絹の布のことで、うすものの意になりました。

「**鮴汁**」の「鮴」はカジカなどの淡水魚のことで、味噌で仕立てた汁物のことです。

「**心太**」はもともとテングサを使った食物で、「こころてい」と呼ばれ、やがて「ところてん」に転化したといわれています。

「**母衣蚊帳**」の「母衣」は鎧の背につけた飾りで、それが覆いの意味になりました。幌馬車の幌と同じです。母衣蚊帳とは小さな蚊帳で子供用です。

秋を表わす季語の漢字に挑戦！

難易度 ★★★

問 秋は、天候を表わす言葉が多く使われます。天気予報で「野分」「黍嵐」という言葉が聞かれることもあります。

① 秋闌ける	⑤ 野分	⑨ 零余子飯	⑬ 鹿火屋
② 爽籟	⑥ 砧	⑩ 菊膾	⑭ 囮
③ 釣瓶落し	⑦ 黍嵐	⑪ 衣被	⑮ 既望
④ 臥待月	⑧ 稲孫田	⑫ 添水	⑯ 露葎

① あきたける	⑤ のわき	⑨ むかごめし	⑬ かびや
② そうらい	⑥ きぬた	⑩ きくなます	⑭ おとり
③ つるべおとし	⑦ きびあらし	⑪ きぬかづき	⑮ きぼう
④ ふしまちづき	⑧ ひつじた	⑫ そうず	⑯ つゆむぐら

十五夜から日がたつと立待月、居待月、そして「**臥待月**」（寝ながら月の出を待つ）となるのです。

「**野分**」は、秋から冬にかけて吹く暴風のことで、野の草を風が強く吹き分けるさまを表わしています。

「**稲孫田**」は刈ったあとの株からふたたび伸びる稲を表わす、穭（ひつじ）が、一面に生えた田んぼを指しています。

「**衣被**」は、里芋を皮のまま茹でた食べ物を指します。この字で「きぬかずき」と読むと、平安時代の女性が外出時に頭から被った衣のことを指します。

「**露葎**」の「葎」とは、荒れ地に生える雑草のことで夏の季語ですが、「露」がつくと、秋の露が滴っている雑草を指します。

冬を表わす季語の漢字に挑戦！

難易度 ★★★

問 昔はどこの家でも見られた年末年始の風習。最近では見聞きしないため、読みづらい漢字が多いかもしれません。

① 凍星
② 懐炉
③ 北颪
④ 虎落笛
⑤ 鎌鼬
⑥ 煮凝
⑦ 垂氷
⑧ 御神渡り
⑨ 注連飾り
⑩ 衾
⑪ 褞袍
⑫ 裘
⑬ 炭団
⑭ 煤払い
⑮ 嚔
⑯ 皹

① いてぼし	⑤ かまいたち	⑨ しめかざり	⑬ たどん
② かいろ	⑥ にこごり	⑩ ふすま	⑭ すすはらい
③ きたおろし	⑦ たるひ	⑪ どてら	⑮ くさめ
④ もがりぶえ	⑧ おみわたり	⑫ けごろも	⑯ あかぎれ

冬に、北方の山から吹きおろす北風を「**北颪**」といいます。群馬県の空っ風が代表的です。

「**虎落**」は、竹を組み合わせて並べた柵のことです。冬の強風がこうした柵に吹きつけることで聞こえる笛のような音を「**虎落笛**」といいます。

「**垂氷**」は屋根から落ちた水滴が凍った「つらら」のことですが、氷柱よりもその形にそくしているといえます。

「**褞袍**」は綿を入れた部屋着で、そのまま寝具にもなります。

「**裘**」は犬や兎の毛皮で作った防寒具で、腰に巻き付けたりします。

「**嚔**」はくしゃみ、「**皹**」は寒さのために皮膚が裂けて痛む状態をいいます。

日本の暦を表わす漢字に挑戦！

難易度★★

問 日本には一年のそれぞれの日に意味があり、生活の知恵や吉凶占いが散りばめられています。

① 斎月	⑤ 下食日	⑨ 十方暮れ	⑬ 芒種
② 晦朔	⑥ 母倉日	⑩ 神吉日	⑭ 畢宿
③ 坎日	⑦ 灸日	⑪ 帰忌日	⑮ 奎宿
④ 凶会日	⑧ 吉旦	⑫ 旧臘	⑯ 軫宿

①いみづき	②かいさく	③かんにち	④くえにち
⑤げじきにち	⑥ぼそうにち	⑦やいとび	⑧きったん
⑨じっぽうぐれ	⑩かみよしび	⑪きこにち	⑫きゅうろう
⑬ぼうしゅ	⑭ひっしゅく	⑮けいしゅく	⑯みつかけぼし

「**斎月**」は結婚などの祝いごとを避けたほうがいいとされる月のことで一、五、九月を指します。

「**坎日**」は外出などを控えたほうがよいとされる日で、毎月一日ずつあります。

「**母倉日**」はあらゆることをするのに吉で、人に対して天が手助けをしてくれる日です。

「**旧臘**」は去年の暮れのことで、「臘」は年の暮れを指します。

「**芒種**」は二十四節気のひとつ、「芒」（イネ科の植物）の「種」をまくのに適した時期ということです。

「**畢宿**」「**奎宿**」「**軫宿**」はいずれも二十八宿のひとつで、太陰暦では一カ月を二十八に分け、一日に一宿ずつ進みました。それをもとに吉凶を占ったのです。

日本史のできごとの漢字に挑戦！

難易度
★★

問 人類の歴史は戦いの歴史？　男たちの熱き戦いです。

① 蝦夷の反乱
② 倶利伽羅峠の戦い
③ 御館の乱
④ 上月城の戦い
⑤ 泉親衡の乱
⑥ 山城国一揆
⑦ 禁闕の変
⑧ 紫衣事件
⑨ 四條畷の戦い
⑩ 正中の変
⑪ 賤ヶ岳の戦い
⑫ 承平天慶の乱
⑬ 黄海の戦い
⑭ 神流川の戦い
⑮ 磐井の乱
⑯ 神風連の乱

① えみしのはんらん	② くりからとうげのたたかい	③ おたてのらん	④ こうづきじょうのたたかい
⑤ いずみちかひらのらん	⑥ やましろのくにいっき	⑦ きんけつのへん	⑧ しえじけん
⑨ しじょうなわてのたたかい	⑩ しょうちゅうのへん	⑪ しずがたけのたたかい	⑫ じょうへいてんぎょうのらん
⑬ きのみのたたかい	⑭ かんながわのたたかい	⑮ いわいのらん	⑯ しんぷうれんのらん

「**倶利伽羅峠の戦い**」は平安末期の合戦で、源義仲軍が平維盛(たいらのこれもり)率いる平家軍を破りました。

「**御館の乱**」は1578年の上杉謙信の亡き後、家督をめぐり上杉景勝と上杉景虎との間で起こったお家騒動で、「**上月城の戦い**」は同年に行なわれた毛利軍と尼子軍の合戦です。

「**山城国一揆**」は戦国時代に起こった一揆で、国人・地侍に農民も参加しました。

「**紫衣事件**」は後水尾天皇(ごみずのおてんのう)が幕府に了解を得ずに大徳寺などの僧侶に紫衣着用を許可したことが問題になった事件です。

「**神風連の乱**」は、明治政府に対する士族の反乱です。

日常語になった仏教の漢字に挑戦！

難易度★

問　普段の会話にもたくさんの仏教用語が出てきます。気づかないまま使っている人も多いのではないでしょうか。

⑬ 阿吽	⑨ 刹那	⑤ 竹箆返し	① 金輪際
⑭ 仏頂面	⑩ 滅相	⑥ 阿弥陀籤	② 娑婆
⑮ 御利益	⑪ 旦那	⑦ 舎利	③ 微塵
⑯ 独鈷	⑫ お陀仏	⑧ 奈落	④ 冥利

①こんりんざい	⑤しっぺがえし	⑨せつな	⑬あうん
②しゃば	⑥あみだくじ	⑩めっそう	⑭ぶっちょうづら
③みじん	⑦しゃり	⑪だんな	⑮ごりやく
④みょうり	⑧ならく	⑫おだぶつ	⑯とっこ

「**阿弥陀籤**」はもともとは放射状に何本か線を引き、中心に至る線を当たりとしました。それが阿弥陀如来の後光のようなのでこの名が付いたのです。

「**冥利**」は暗い状態に仏の利益が与えられることですが、やがて「○○冥利に尽きる」などと使われるようになります。

「**竹篦返し**」の「竹篦」は座禅のさいに参禅者の肩を打つのに使う棒状の道具のことです。

「**阿吽**」の「阿」は最初で「吽」は最後という意味があり、万物の初めと終わりを指します。山門の仁王や狛犬は口を開いたもの（阿）と閉じたもの（吽）が並びますが、やがて二人の気の合った状態を指すようになりました。

神道用語の漢字に挑戦！

難易度 ★★

問 暮らしのなかから生まれた信仰が「神道」です。日本には八百万（やおよろず）の神がいるといわれています。

①	②	③	④
現人神	忌火	産土神	御旅所

⑤	⑥	⑦	⑧
手水舎	柏手	賢所	言霊

⑨	⑩	⑪	⑫
護摩木	袱紗	禰宜	高御座

⑬	⑭	⑮	⑯
新嘗祭	御神酒	神饌	垢離

① あらひとがみ	② ・いみび ・いむび	③ うぶすながみ	④ おたびしょ
⑤ ちょうずや	⑥ かしわで	⑦ かしこどころ	⑧ ことだま
⑨ ごまぎ	⑩ ふくさ	⑪ ねぎ	⑫ たかみくら
⑬ にいなめさい	⑭ おみき	⑮ しんせん	⑯ こり

この世に人間の姿で現われた神のことを「**現人神**」といい、「**忌火**」は神道では清浄な火のことを指します。

「**御旅所**」は神社の祭礼のさいに、神が巡行途中で休憩する場所、神輿を仮に鎮座しておく場所をいいます。「**手水舎**」は、参拝者が手を洗ったり口をすすいだりする場所です。

「口は災いの元」などといわれる「**言霊**」は、日本において言葉に宿ると信じられた霊的な力のことで、言魂とも書きます。

「**護摩木**」は、「護摩」を焚くときに燃やす木、「**神饌**」は神に供える物のことで、稲や米、酒、魚介などを指します。

「**垢離**」は、神仏に祈願する前に、冷水を浴びて身を清める行為をいいます。

お祭りにまつわる漢字に挑戦！

難易度 ★★★

問　全国には八万近くのお祭りがあるといわれています。有名なものから、少しマニアックなお祭りの名前です。

① 愛宕火	② 佞武多	③ 繞道祭	④ 踏鞴祭
⑤ 鷽替	⑥ 夏祓	⑦ 白馬節会	⑧ 鬼灯市
⑨ 道饗の祭	⑩ 追儺	⑪ 御幣焼	⑫ 神嘗祭
⑬ 芋茎祭	⑭ 白朮祭	⑮ 甲子祭	⑯ 三節祭

① あたごび	② ねぶた	③ にようどうさい	④ たたらまつり
⑤ うそかえ	⑥ なつばらえ	⑦ あおうまのせちえ	⑧ ほおずきいち
⑨ みちあえのまつり	⑩ ついな	⑪ おんべやき	⑫ かんなめさい
⑬ ずいきまつり	⑭ おけらまつり	⑮ きのえねまつり	⑯ さんせつさい

青森県の代表的な夏祭りである「**佞武多**」は、青森市でねぶたと呼ばれ、弘前市ではねぷたと呼ばれています。ねぶたとは睡魔のことで、「ねぶたい」から転化しました。「**鷽替**」は福岡県の太宰府天満宮などで行なわれる神事です。一年に一度、幸運を招く鳥である「鷽」の木彫りの像を取り替えて新たな年の幸せを願います。「**白朮祭**」は京都府の八坂神社で元日の朝に行なわれる神事です。神社ではキク科の植物である「白朮」を加えた篝火（かがりび）が焚かれます。その火を、吉兆縄に移して持ち帰り雑煮を煮るのが、かつての風習です。

伊勢神宮で行われる、十月の「**神嘗祭**」と、六月、十二月の月次（つきなみ）の祭りを総称して「**三節祭**」といいます。

さまざまな月の呼び方の漢字に挑戦！

難易度 ★★

問 それぞれの季節にみられる自然の移り変わりを、月の名として当てはめています。

① 霞初月
② 太簇
③ 小草生月
④ 夾鐘
⑤ 嘉月
⑥ 早花咲月
⑦ 木葉採月
⑧ 仲呂
⑨ 蕤賓
⑩ 月不見月
⑪ 涼暮月
⑫ 遯月
⑬ 文披月
⑭ 愛逢月
⑮ 木染月
⑯ 乙子月

① かすみそめづき（正月）	② たいそう（正月）	③ おぐさおいづき（二月）	④ きょうしょう（二月）
⑤ かげつ（三月）	⑥ さはなさづき（三月）	⑦ このはとりづき（四月）	⑧ ちゅうりょ（四月）
⑨ すいひん（五月）	⑩ つきみづき（五月）	⑪ すずくれづき（六月）	⑫ とんげつ（六月）
⑬ ふみひらきづき（七月）	⑭ めであいづき（七月）	⑮ こぞめづき（八月）	⑯ おとごづき（十二月）

これらは太陰暦をもとにした呼び名であり、太陽暦とは時期が微妙に異なってきます。上の表の月はすべて太陰暦です。

中国の音楽に十二律という音階があり、それらが月名に当てられたものもあります。「**太簇**」「**夾鐘**」「**仲呂**」などがそうです。

「**木葉採月**」は養蚕のための桑の「葉」を取るという意味からきています。

「**月不見月**」は梅雨の時期であるので「月」が見られないためです。一方、仲秋の名月で知られる九月は「月見月」と書きます。こちらもつきみづきと読みます。

「**乙子月**」の「乙子」とは末子ということです。

十干十二支の漢字に挑戦！

難易度
★★★

問 十二支と十干の組み合わせで年を表わす十干十二支（じっかんじゅうにし）、パターン化しているとはいえ、難読な漢字が多くあります。

① 甲子
② 戊辰
③ 己巳
④ 庚午
⑤ 壬申
⑥ 壬辰
⑦ 甲午
⑧ 丙午
⑨ 辛亥
⑩ 丙辰
⑪ 辛酉
⑫ 癸酉
⑬ 丁丑
⑭ 戊寅
⑮ 己卯
⑯ 乙巳

① ・きのえね ・かっし	⑤ みずのえさる	⑨ かのとのい	⑬ ひのとうし
② つちのえたつ	⑥ みずのえたつ	⑩ ひのえたつ	⑭ つちのえとら
③ つちのとのみ	⑦ きのえうま	⑪ かのとのとり	⑮ つちのとのう
④ かのえうま	⑧ ひのえうま	⑫ みずのとのとり	⑯ きのとのみ

十干とは「甲乙丙丁戊己庚辛壬癸」の十個の文字です。これと、十二支の「子丑寅卯辰巳午未申酉戌亥」の十二個の文字を、ひとつずつ組み合わせた六十種類の二文字を十干十二支といい、昔は方角や年を表わすのに使いました。

十干十二支は、六十年で一回りします。それを暦が還るということで、還暦といいました。

有名なのは甲子園の「**甲子**（かっし）」でしょう。兵庫県の甲子園球場が完成した１９２４年が甲子だったため甲子園に命名されました。

かつて大化の改新と呼ばれた事件は、６４５年が「**乙巳**（いっし）」であるため、現在では乙巳の変と呼ばれることが多いようです。

歌舞伎にまつわる漢字に挑戦！①

難易度
★★

問　江戸時代の歌舞伎の十八番も難読な演目が多いです。

① 外郎売
② 嫐
③ 景清
④ 鎌髭
⑤ 勧進帳
⑥ 暫
⑦ 蛇柳
⑧ 鳴神
⑨ 助六
⑩ 毛抜
⑪ 妹背山婦女庭訓
⑫ 平家女護島
⑬ 仮名手本忠臣蔵
⑭ 菅原伝授手習鑑
⑮ 一谷嫩軍記
⑯ 桜鍔恨鮫鞘

① ういろううり
② うわなり
③ かげきよ
④ かまひげ
⑤ かんじんちょう
⑥ しばらく
⑦ じゃやなぎ
⑧ なるかみ
⑨ すけろく
⑩ けぬき
⑪ いもせやまおんなていきん
⑫ へいけにょごのしま
⑬ かなでほんちゅうしんぐら
⑭ すがわらでんじゅてならいかがみ
⑮ いちのたにふたばぐんき
⑯ さくらつばうらみのさめざや

歌舞伎の演目は、外題（げだい）または名題（なだい）などとよばれ、演目名が長いものは縁起を担いで文字数が五文字か七文字の奇数になっています。

江戸時代に市川流の家元、市川團十郎がお家芸として決めた歌舞伎十八番のうち「**助六**」「**勧進帳**」「**暫**」などは、現在も頻繁に上演されています。一方、「**嫐**」「**鎌髭**」「**蛇柳**」などは台本が失われるなどしたため、内容がわからなくなっています。

歌舞伎はひとつの作品を通して上演することはあまりなく、人気の場面のみを上演することがほとんどです。その場合は「**菅原伝授手習鑑**」から「寺子屋之場」、または単に「寺子屋」などと呼称することも多いようです。

歌舞伎にまつわる漢字に挑戦！②

難易度
★★

問 歌舞伎はもともと、歌っ舞たりする女性という意味から「歌舞妓」「歌舞妃」とも書かれました。

① 定式幕	② 浅葱幕	③ 黒御簾	④ 見得
⑤ 六方	⑥ 引抜	⑦ 襲名	⑧ 立役
⑨ 砥の粉	⑩ 隈取	⑪ 火焔隈	⑫ 囃子方
⑬ 当り鉦	⑭ 世話物	⑮ 清元	⑯ 提灯抜け

① じょうしきまく	② あさぎまく	③ くろみす	④ みえ
⑤ ろっぽう	⑥ ひきぬき	⑦ しゅうめい	⑧ たちやく
⑨ とのこ	⑩ くまどり	⑪ かえんぐま	⑫ はやしかた
⑬ あたりがね	⑭ せわもの	⑮ きよもと	⑯ ちょうちんぬけ

「**定式幕**」は黒・茶（柿色）・緑（萌黄色）の三色で染めた引幕。舞台下手の黒い板で囲まれた部屋が「**黒御簾**」で、格子窓に黒い御簾がかけられています。

「**見得**」は感情を表現するために動きを止めて見せる型で、「**引抜**」は一瞬のうちに衣装を変える演出のことです。

囃子を受けもつ人が「**囃子方**」で、「**当り鉦**」は真鍮でできた打楽器のことです。

「**世話物**」は江戸の町民社会を取材して作成した作品全般を指し、興行の二番目に行なったことから、二番目物といわれます。

恋の場面などに流れる音楽が、この「**清元**」です。

「**提灯抜け**」は「提灯」のなかから幽霊が飛び出す仕掛けのことです。

落語の漢字に挑戦！

難易度★★

問

落語は、戦国大名の話の相手をしたり世情を伝えたりした御伽衆（おとぎしゅう）と呼ばれる人たちが始めたといわれています。

① 牡丹灯籠
② 文七元結
③ 滑稽噺
④ お茶子
⑤ 出囃子
⑥ 桟敷席
⑦ 木戸銭
⑧ 根多
⑨ 幟
⑩ 醒睡笑
⑪ 寿限無
⑫ 明烏
⑬ 御神酒徳利
⑭ 火焔太鼓
⑮ 雑俳
⑯ 粗忽長屋

① ぼたんどうろう	⑤ でばやし	⑨ のぼり	⑬ おみきどっくり
② ぶんしちもっとい	⑥ さじきせき	⑩ せいすいしょう	⑭ かえんだいこ
③ こっけいばなし	⑦ きどせん	⑪ じゅげむ	⑮ ざっぱい
④ おちゃこ	⑧ ねた	⑫ あけがらす	⑯ そこつながや

落語の代表格である「**牡丹灯籠**」は怪談噺、「**文七元結**」は人情噺として有名です。「**お茶子**」とは楽屋で落語家の世話をする女性のことです。

「**出囃子**」は落語家が高座に上がるさいに流れる音楽で、三味線や太鼓などで演奏されています。

寄席の見物料「**木戸銭**」は、入口を木戸といったことから、その名で呼ばれるようになりました。

眠りを覚まして笑うという意味の「**醒睡笑**」は、庶民の間に流行した笑話集です。

早口言葉や言葉遊びとしても知られる「**寿限無**」は、子どもの幸せを願う親の思いがこめられた噺で、「**明烏**」「**御神酒徳利**」「**火焔太鼓**」とともに人気の演目です。

生地・織物の漢字に挑戦！

難易度★★

問 伝統的な生地・織物は、帯や財布、バッグなどにも使われています。

① 晒布	⑤ 絽刺	⑨ 縮緬	⑬ 緞子
② 白妙	⑥ 莫大小	⑩ 魚子織	⑭ 海気
③ 繻子	⑦ 紅絹	⑪ 布帛	⑮ 天竺木綿
④ 透綾	⑧ 綸子	⑫ 別珍	⑯ 更紗

① さらし	⑤ ろざし	⑨ ちりめん	⑬ どんす
② しろたえ	⑥ めりやす	⑩ ななこおり	⑭ かいき
③ しゅす	⑦ もみ	⑪ ふはく	⑮ てんじくもめん
④ すきや	⑧ りんず	⑫ べっちん	⑯ さらさ

「**白妙**」は、梶(かじ)の木の皮で織った白い布や衣服全般を指します。「田子の浦にうち出でて見れば白妙の富士の高嶺に雪は降りつつ」は、百人一首に登場する山部赤人(やまべのあかひと)の和歌で、白妙の富士は「白い布をかぶったように真っ白い富士」と訳します。

「**繻子**」は「朱子」とも書き、縦糸と横糸が浮き出るような技法を使った、織物のことです。

「**莫大小**」は収縮性に富み、大きくも小さくもないという意味の布地です。

「**布帛**」の「布」は木綿を、「帛」は絹を意味しています。

インドから輸入された「**天竺木綿**」は、インドを指す「天竺」の名が付いた厚手の綿織物です。

着物にまつわる漢字に挑戦！

難易度
★★

問 日本人なら知っておきたい、着物に関する基本的な用語です。

① 羽織袴
② 襦袢
③ 袷
④ 単衣
⑤ 袂
⑥ 上前
⑦ 褌
⑧ 襷
⑨ 裃
⑩ 西陣織
⑪ 羽二重
⑫ 絽
⑬ 銘仙
⑭ 紬
⑮ 絣
⑯ 半纏

⑬ めいせん	⑨ かみしも	⑤ たもと	① はおりはかま
⑭ つむぎ	⑩ にしじんおり	⑥ うわまえ	② じゅばん
⑮ かすり	⑪ はぶたえ	⑦ ふんどし	③ あわせ
⑯ はんてん	⑫ ろ	⑧ たすき	④ ひとえ

「**袷**」は裏地のある着物、「**単衣**」は裏地のない着物のことです。「**袂**」は袖の下の袋状の部分を指します。

「**西陣織**」はさまざまな先染めの糸で織りあげられた京都を代表する高級絹織物です。

「**羽二重**」は薄地で光沢のある伝統的な絹織物のことです。

「**絽**」は透けるほど薄い絹織物です。

「**紬**」は蚕（かいこ）の糸をつむいだ糸のことです。平織した軽くて丈夫な着物で、独特の風合いがあります。

「**絣**」は飛白とも書き、糸を前もって染め、かすったような文様が特徴の着物です。

「**銘仙**」は平織で太く織られた絹織物で、普段着として大正から昭和にかけて流行しました。

日本の伝統色の漢字に挑戦！

難易度★★★

問

日本には、微妙な色合いの違いを表わした色の名前があります。今ではもう見かけなくなったものばかりです。

① 葡萄色	② 唐紅	③ 洗朱	④ 薄紅梅
⑤ 代赭色	⑥ 蘇芳	⑦ 弁柄色	⑧ 猩々緋
⑨ 赤丹	⑩ 真赭	⑪ 檜皮色	⑫ 鳶色
⑬ 土器色	⑭ 藍海松茶	⑮ 琥珀色	⑯ 嵯峨鼠

① えびいろ	② からくれない	③ あらいしゅ	④ うすこうばい
⑤ たいしゃいろ	⑥ すおう	⑦ べんがらいろ	⑧ しょうじょうひ
⑨ あかに	⑩ まそお	⑪ ひわだいろ	⑫ とびいろ
⑬ かわらけいろ	⑭ あいみるちゃ	⑮ こはくいろ	⑯ さがねず

「**薄紅梅**」は薄紅梅の花のような色の襲(かさね)の色目の名で、小説家である泉鏡花の作品名にもなっています。

「**蘇芳**」はスオウの樹皮や心材を煎じた黒みがかった赤い汁で染めた色です。

緋は火のような濃く明るい紅色ですが、「**猩々緋**」はとくに強い黄みがかった朱色で、小早川秀秋ら戦国武将の陣羽織の色としても有名です。

『源氏物語』にも登場する「**檜皮色**」は、黒みがかった蘇芳色です。

茶色がかった鼠色の「**嵯峨鼠**」は、暗い色のなかに繊細なこだわりを取り入れ、華美な色の着物を禁じられた江戸庶民の間で流行しました。

伝統模様の漢字に挑戦！

難易度
★★★

問 五穀豊穣、家内安全、学業成就、健康長寿など、先人たちの思いを今に伝える日本の伝統模様です。

① 鱗
② 檜垣
③ 網代
④ 亀甲花菱
⑤ 籠目
⑥ 麻の葉
⑦ 紗綾形
⑧ 矢羽根
⑨ 七宝繋ぎ
⑩ 立涌
⑪ 青海波
⑫ 菱文
⑬ 巴文
⑭ 宝相華
⑮ 市松模様
⑯ 業平格子

① うろこ	⑤ かごめ	⑨ しっぽうつなぎ	⑬ ともえもん
② ひがき	⑥ あさのは	⑩ たてわく	⑭ ほうそうげ
③ あじろ	⑦ さやがた	⑪ せいがいは	⑮ いちまつもよう
④ きっこうはなびし	⑧ やばね	⑫ ひしもん	⑯ なりひらごうし

「**檜垣**」は「檜（ひのき）」の薄版を網代（あじろ）に組み込んだ垣根を模様化したものです。

長寿の象徴である亀。甲羅の形に由来する縁起柄が「亀甲」で、六角形のなかに花をあしらったのが「**亀甲花菱**」です。

「**青海波**」は大海原の波を扇形にした模様で、由来とされる雅楽「青海波」を舞うときにこの模様の衣装を着用するほか、『源氏物語』には光源氏が青海波を舞う場面があります。

「**市松模様**」は江戸中期の歌舞伎役者、佐野川市松がこの模様の袴を愛用したことから「市松」の名が付きました。東京オリンピック・パラリンピックのエンブレムはこれをベースにデザインされました。

日本で生まれた国字に挑戦！①

難易度 ★★★

問 日本で作られた国字は意外に多くあります。成り立ちを知ると、日本の風土や価値観を理解できるかもしれません。

① 辷る	② 杣	③ 遖	④ 榊
⑤ 癪	⑥ 雫	⑦ 躾	⑧ 喰
⑨ 凩	⑩ 噺	⑪ 怺	⑫ 凪
⑬ 鉽	⑭ 膵	⑮ 躮	⑯ 纐纈

①	②	③	④
すべる	そま	あっぱれ	さかき
⑤	⑥	⑦	⑧
しゃく	しずく	しつけ	くう
⑨	⑩	⑪	⑫
こがらし	はなし	こらえる	たこ
⑬	⑭	⑮	⑯
ぶりき	すい	せがれ	こうけつ

国字とは、中国から伝わった漢字をアレンジして日本人が作った字のことです。たとえば「**榊**」は、神に捧げる木なのでこの字が作られました。

全部で2136文字ある常用漢字に含まれる国字は「働」「畑」「込」「峠」「枠」「匂」「栃」「塀」「腺」「搾」の10字のみです。

中国に同じ形の字があるのを知らずに作った字や、訓読みをするうちに漢字の意味が変わったりして日本独自の意味を持った字を国訓といいます。「椿」「鮎」などです。「**躮**」は自分の分身という意味です。一般的に使われる「倅」という字は、自分の息子を謙遜していう場合に使われます。

染物を意味する纐纈は「**纐**」が国字です。

日本で生まれた国字に挑戦！②

難易度
★★★

問 必要に応じて日本でつくられた国字には、言葉選びの感覚で構成されているものもあります。

① 颪	② 轌	③ 俥	④ 粭
⑤ 鋲	⑥ 杢	⑦ 栂	⑧ 俤
⑨ 屶	⑩ 樫	⑪ 畠	⑫ 籾
⑬ 鴫	⑭ 縅	⑮ 圦	⑯ 糀

⑬ しぎ	⑨ なた	⑤ びょう	① おろし
⑭ おどし	⑩ かし	⑥ もく	② そり
⑮ いり	⑪ はたけ	⑦ ・とが ・つが	③ くるま
⑯ こうじ	⑫ もみ	⑧ おもかげ	④ すくも

下＋風の「**颪**」は、冬季に山窓から吹き下ろす風で、おろしのことを指します。

「**轌**」は車＋雪で、雪の上を走る車、ソリのことです。

「**俥**」は人＋車です。人を乗せて人が引く車のことで、人力車の意味になります。

木＋母の「**栂**」は、モミに似た大木で増殖力が強く、木材としての用途が広いため、木の母と呼ばれました。

「**俤**」は人＋弟。弟が兄に似ていることから、この意味になったといわれます。

「**圦**」は貯水池などにある水門のことです。

「**糀**」は米＋花で、米に花が咲いたようについており、こうじを指します。

日本の名作の漢字に挑戦！①

難易度 ★★★

問 日本の国文学史上、重要な作品ばかりを集めました。

① 続日本紀	⑤ 蜻蛉日記	⑨ 宇治拾遺物語	⑬ 庭訓往来
② 凌雲集	⑥ 梁塵秘抄	⑩ 歎異抄	⑭ 国性爺合戦
③ 性霊集	⑦ 方丈記	⑪ 菟玖波集	⑮ 東海道中膝栗毛
④ 小右記	⑧ 十訓抄	⑫ 神皇正統記	⑯ 椿説弓張月

① しょくにほんぎ	② りょううんしゅう	③ しょうりょうしゅう	④ しょうゆうき
⑤ かげろうにっき	⑥ りょうじんひしょう	⑦ ほうじょうき	⑧ じっきんしょう
⑨ うじしゅういものがたり	⑩ たんにしょう	⑪ つくばしゅう	⑫ じんのうしょうとうき
⑬ ていきんおうらい	⑭ こくせんやか（が）っせん	⑮ とうかいどうちゅうひざくりげ	⑯ ちんせつゆみはりづき

『凌雲集』は日本初の勅撰（天皇の命令で選ばれた）漢詩集、**『性霊集』**は空海の弟子が編集した詩文集です。**『小右記』『蜻蛉日記』**は十世紀前後の日記文学です。**『十訓抄』**は、鎌倉中期の教訓説話集です。**『菟玖波集』**は南北朝時代の準勅撰連歌集（じゅんちょくせんれんかしゅう）、**『庭訓往来』**は室町時代における手紙の往復形式の教科書の一種です。**『国姓爺合戦』**は近松門左衛門の人形浄瑠璃の演目名です。**『東海道中膝栗毛』**は十返舎一九（じっぺんしゃいっく）の滑稽本、**『椿説弓張月』**は曲亭馬琴（きょくていばきん）の読本で、いずれも江戸時代の作品です。

日本の名作の漢字に挑戦！②

難易度 ★

問 明治初期の滑稽本や谷崎潤一郎の純文学までそろっています。

① 安愚楽鍋
② 当世書生気質
③ 二人比丘尼色懺悔
④ 不如帰
⑤ 高野聖
⑥ 吾輩は猫である
⑦ 海潮音
⑧ 邪宗門
⑨ 一握の砂
⑩ 赤光
⑪ 山椒大夫
⑫ 恩讐の彼方に
⑬ 羅生門
⑭ 檸檬
⑮ 濹東綺譚
⑯ 陰翳礼讃

① あぐらなべ	② とうせいしょせいかたぎ	③ ににんびくにいろざんげ	④ ほととぎす
⑤ こうやひじり	⑥ わがはいはねこである	⑦ かいちょうおん	⑧ じゃしゅうもん
⑨ いちあくのすな	⑩ しゃっこう	⑪ さんしょうだゆう	⑫ おんしゅうのかなたに
⑬ らしょうもん	⑭ れもん	⑮ ぼくとうきたん	⑯ いんえいらいさん

坪内逍遥の『**当世書生気質**』には、素行の悪い登場人物と境遇がそっくりで、野口英世が改名するきっかけとなりました。

『**安愚楽鍋**』から『**一握の砂**』までは明治期の小説、詩集、歌集で、『**赤光**』は大正期の歌集、『**恩讐の彼方に**』と『**羅生門**』は大正期の小説です。

梶井基次郎(かじいもとじろう)の『**檸檬**』からは、昭和の名作です。

永井荷風(ながいかふう)の『**濹東綺譚**』の「濹東」とは隅田川の東側を意味する造語です。

谷崎潤一郎(たにざきじゅんいちろう)が日本人の美意識について論じた『**陰翳礼讃**』は海外でも広く読まれています。

日本の名作の漢字に挑戦！③

難易度★★

問 芥川賞や直木賞をはじめ、名だたる賞を受賞した戦後文学の名作が目白押しです。

① 斜陽	② 俘虜記	③ 山の音	④ 楢山節考
⑤ 驟雨	⑥ 天平の甍	⑦ 死者の奢り	⑧ 豊饒の海
⑨ 恍惚の人	⑩ 死靈	⑪ 死の棘	⑫ 吉里吉里人
⑬ 鹽壺の匙	⑭ 姑獲鳥の夏	⑮ 日蝕	⑯ 病葉流れて

① しゃよう	② ふりょき	③ やまのおと	④ ならやまぶしこう
⑤ しゅうう	⑥ てんぴょうのいらか	⑦ ししゃのおごり	⑧ ほうじょうのうみ
⑨ こうこつのひと	⑩ しれい	⑪ しのとげ	⑫ きりきりじん
⑬ しおつぼのさじ	⑭ うぶめのなつ	⑮ にっしょく	⑯ わくらばながれて

現代文学とは終戦以降に21世紀の現代までに刊行された文芸作品のことです。『**山の音**』は川端康成、『**死者の奢り**』は大江健三郎というノーベル賞作家の作品で、『**豊饒の海**』は三島由紀夫の最後の長編小説です。

2度映画化された『**楢山節考**』は、今村昌平監督作でカンヌ国際映画祭でパルムドールを受賞しました。

埴谷雄高の代表作、『**死靈**』は通常「死霊」と書き、「しりょう」とも読みます。

平野啓一郎が芥川賞を受賞したデビュー作品『**日蝕**』は、太陽が月に覆われた現象の場合「日食」と表記します。

『**病葉流れて**』の病葉とは、病気や虫のせいで変色した葉のことです。

庭園や庭いじりの道具の漢字に挑戦！

難易度
★★

問 日本庭園や庭で使う道具にまつわる漢字を覚えれば、和の精神の理解に役立ちます。

① 枯山水
② 敷石
③ 飛び石
④ 石組
⑤ 灯籠
⑥ 甃
⑦ 借景
⑧ 植栽
⑨ 州浜
⑩ 円匙
⑪ 蹲踞
⑫ 池泉
⑬ 遣水
⑭ 鹿威し
⑮ 松明
⑯ 如雨露

① かれさんすい	② しきいし	③ とびいし	④ いしぐみ
⑤ とうろう	⑥ いしだたみ	⑦ しゃっけい	⑧ しょくさい
⑨ すはま	⑩ えんし	⑪ つくばい	⑫ ちせん
⑬ やりみず	⑭ ししおどし	⑮ たいまつ	⑯ じょうろ

「**灯籠**」は家の外に置かれる日本古来の照明道具で、行灯は壁かけ、持ち運び用のあかりです。

「**甃**」とは板石を敷きつめたところをいい、石畳とも書きます。

「**円匙**」は小型のシャベルのことです。旧陸軍や自衛隊では「えんぴ」と呼ばれていたようですが、正しい読み方は「えんし」です。

「**蹲踞**」とは、茶室の入口などに置かれた手水鉢のことで、入室前に手を清めます。低くはいつくばるために名付けられました。

「**鹿威し**」は、風情があるため日本庭園でよくみられますが、もともとは農家が鹿や猪をおどかして、追い払うために置いたものです。

和風建築にまつわる漢字に挑戦！

難易度 ★★

問 和風建築には日本人でも見たことがない漢字が使われています。

① 四阿	② 荒家	③ 掘立小屋	④ 母屋
⑤ 納屋	⑥ 庵	⑦ 苫屋	⑧ 数寄屋
⑨ 内裏	⑩ 廠舎	⑪ 櫓	⑫ 冠木門
⑬ 茅葺	⑭ 檜皮葺	⑮ 瓦葺	⑯ 雪隠

①	②	③	④
あずまや	あばらや	ほったてごや	おもや
⑤	⑥	⑦	⑧
なや	いおり	とまや	すきや
⑨	⑩	⑪	⑫
だいり	しょうしゃ	やぐら	かぶきもん
⑬	⑭	⑮	⑯
かやぶき	ひわだぶき	かわらぶき	せっちん

「**四阿**」は壁のない展望用・休息用の小屋です。

「**苫屋**」とは、菅（すげ）や芽などをあらく編んだむしろを意味する「苫」で、屋根をふいた家または粗末な小屋のことです。

「**厰舎**」は軍隊が出先で仮設する、囲いのない簡素な小屋のことです。

「**檜皮葺**」は日本古来の工法で、ヒノキの皮を小さく裂いて屋根をふくこと、あるいはその屋根を指します。

「**茅葺**」は「茅」、「**瓦葺**」は「瓦」を用いた屋根の仕上げを示しています。

「**雪隠**」はトイレを意味します。「雪隠」は禅寺のトイレを表わす西浄（せいちん）から転じたようです。

妖怪の漢字に挑戦！

難易度
★★

問 小説や漫画などに登場する日本の妖怪。どんな妖怪か想像しながら読んでみましょう。

①鉄鼠
②河童
③木魂
④幽谷響
⑤垢嘗
⑥窮奇
⑦絡新婦
⑧飛頭蛮
⑨魃
⑩覚
⑪酒呑童子
⑫陰摩羅鬼
⑬加牟波理入道
⑭鵼
⑮以津真天
⑯倩兮女

① てっそ	⑤ あかなめ	⑨ ひでりがみ	⑬ がんばりにゅうどう
② かっぱ	⑥ かまいたち	⑩ さとり	⑭ ぬえ
③ こだま	⑦ じょろうぐも	⑪ しゅてんどうじ	⑮ いつまで
④ やまびこ	⑧ ろくろくび	⑫ おんもらき	⑯ けらけらおんな

日本の妖怪イメージを決定づけた画家、鳥山石燕（とりやませきえん）の著作から妖怪を表わす難読漢字をとりあげてみます。

当て字に見える「**河童**」ですが、地方によって「メドチ」「ひょうすべ」など、さまざまな名で呼ばれています。芥川龍之介の『河童』で「どうかkappaと発音して下さい」と記したことにより、読み方が定着したといわれています。

「**飛頭蛮**」のろくろ首には頭と体が離れるタイプと、首が伸びるタイプがあるそうです。飛頭蛮は頭と体が離れるタイプです。

日本の古典文学のひとつである『太平記』に登場し、真弓広有に退治された妖怪「**以津真天**」は「いつまでも、いつまでも」と鳴く怪鳥のことです。

■主要参考文献

『1行読んでおぼえる難読漢字』 藁谷久三著（梧桐書院）

『魚偏漢字の話』 加納喜光著（中央公論新社）

『英訳付き ニッポンの名前図鑑 和服・伝統芸能』 市田ひろみ監修（淡交社）

『角川新字源 改訂新版』 小川環樹、西田太一郎、赤塚忠、阿辻哲次、釜谷武志、木津祐子編（KADOKAWA）

『角川日本地名大辞典』「角川日本地名大辞典」編纂委員会（KADOKAWA）

『漢字の植物苑：花の名前をたずねてみれば』 円満字二郎著（岩波書店）

『漢字の話Ⅰ』 藤堂明保著（朝日新聞社）

『漢字の話Ⅱ』 藤堂明保著（朝日新聞社）

『漢字百話　魚の部　魚・肴・さかな事典』 末廣恭雄監修（大修館書店）

『教養が試される知らない漢字練習帳』 藁谷久三著（幻冬舎）

『三省堂難読漢字辞典』 佐竹秀雄著・三省堂編集所編（三省堂）

『植物の漢字語源辞典』 加納喜光著（東京堂出版）

『新漢語林 第二版』 鎌田正、米山寅太郎著（大修館）

『全訳漢辞海 第四版』 戸川芳郎監修・佐藤進、濱口富士雄編（三省堂）

『大迫力!写真と絵でわかる三国志』 入澤宣幸著（西東社）

『四字熟語 新装版』 学研教育出版編（学研プラス）

『どうしてこう読む　難読語の由来』 中村幸弘著　（右文書院）

『難読／誤読　魚介類 漢字よみかた辞典』（日外アソシエーツ）

『難読／誤読　昆虫名 漢字よみかた辞典』（日外アソシエーツ）

『難読／誤読　植物名 漢字よみかた辞典』（日外アソシエーツ）

『難読／誤読　鳥の名前 漢字よみかた辞典』（日外アソシエーツ）

『日本語オノマトペ辞典』 小野正弘編（小学館）

『日本の伝統芸能を楽しむ 歌舞伎』 矢内賢二著（偕成社）

『日本の伝統芸能を楽しむ 落語・寄席芸』 大友浩著（偕成社）

『日本歴史地名体系』 平凡社地方資料センター編（平凡社）

『ニュース・天気予報がよくわかる 気象キーワード事典』 筆保弘徳、山崎哲編・堀田大介、釜江陽一、大橋唯太、中村哲、吉田龍二、下瀬健一、安成哲平著（ベレ出版）

『ビジュアル「国字」字典　森羅万象から生まれた和製漢字の世界』（世界文化社）

『ビジュアル三国志 3000 人』 渡邉義浩監修（世界文化社）

『仏教からはみだした日常語』 小林祥次郎著（勉誠出版）

『読めないと他人に笑われる「漢字」』 日本漢字読み研究会編（主婦と生活社）

『47 都道府県 名字の秘密がわかる事典』 森岡浩監修（宝島社）

『47 都道府県・名字百科』 森岡浩著（丸善出版）

『和の暮らしを読み解く難読漢字』 藁谷久三監修・松岡大悟編（宝島社）

■スタッフ
編集・構成・DTP／造事務所
文／石川千穂子、東野由美子、西村まさゆき、山村基毅
装丁・本文デザイン／イヌヲ企画（髙橋貞恩）

ちょっと手強い難読
大人の漢字力テスト

発行日　2021 年 1 月 18 日　初版第 1 刷発行

編　　著　株式会社造事務所
発 行 人　磯田肇
発 行 所　株式会社メディアパル
〒 162-8710
東京都新宿区東五軒町 6-24
TEL. 03-5261-1171　FAX. 03-3235-4645

印刷・製本　中央精版印刷株式会社

ISBN978-4-8021-1050-1　C0076